QUI A TUÉ LADY DI ?

JEAN-MICHEL CARADEC'H

QUI A TUÉ LADY DI ?

BERNARD GRASSET
PARIS

Photo de couverture : Anwar Hussein/WirelImage. © GethyImages.

ISBN : 978-2-246-86201-7

À mon frère, Jean-Yves.

Who killed Davey Moore,
Why an' what's the reason for?

Paroles et musique de Bob Dylan, 1963.

Chapitre 1

La planche semble sortie de nulle part, projetée dans le ciel de Sardaigne entre mer et nuées. Une femme est assise à son extrémité, suspendue dans le temps et l'espace, au bord du vide. Elle n'a pas vu la mouette, au-dessus de sa tête, colombe rapace que les Napolitains appellent *gavina*. Elle penche la tête sur son épaule, cassant la courbe parfaite de son dos cambré, maintenant l'équilibre de ses bras tendus, solidement arrimés aux rebords du plongeoir. Son regard est tourné vers l'arrière, en un mouvement de refus, saisissant geste de répugnance face à l'abîme. Ses jambes immobiles devenues inutiles pendent sans vigueur, prolongées par des pieds si grands et robustes qu'ils en deviennent incongrus. Le soleil sculpte les ombres de son corps, chauffe ses épaules et le casque doré de ses cheveux, peignant, à la manière d'un Sandro Botticelli, Vénus à l'été de sa vie. Un chaste costume de bain lisse sa silhouette d'une seule pièce, et souligne ses formes d'une savante indiscrétion, découvrant ses cuisses longues et ses genoux ronds ambrés de lumière. Un fragment du temps, saisi par le photographe James Andanson, au moment paradoxal où le corps de cette femme exprime, dans la même posture, le désir d'un élan audacieux, contrarié *in extremis* d'une soudaine contraction.

Diana Spencer n'a plus que neuf jours à vivre.

Si on élargit le cadre de ce cliché, figé pour l'histoire le 22 août 1997, l'écran s'anime comme un film de vacances. Le plongeoir est déployé depuis l'arrière d'un gros yacht de 63 mètres, le *Jonikal*, propriété du milliardaire égyptien Mohamed Al-Fayed. Sur la gauche, des gardes du corps, embarqués sur une annexe, patrouillent jumelles aux yeux pour empêcher toute approche inopportune. Au large, chevauchant des jet-skis, les paparazzi montent la garde, cernant le navire d'une ceinture d'astéroïdes. Au loin sur le littoral, un photographe rampe dans les rochers, dérangeant une colonie de mouettes qui s'envolent en poussant des cris aigus.

Au garde-à-vous sur le pont arrière, une ombrelle déployée à la main, un marin se tient prêt à satisfaire la moindre sollicitation. Le yacht ronronne sobrement, ses moteurs de 3 760 chevaux au ralenti rejettent l'eau et la vapeur de refroidissement par deux pots qui crachotent et hoquettent alternativement. Du métal surchauffé s'élève une brume tremblotante, parfumée des effluves d'herbes séchées qui arrivent par bouffées du littoral et des senteurs d'iode et de sel où persistent des traces tenaces de combustions incomplètes.

Avant de s'installer en bout de planche, Diana a pris plusieurs poses : s'avançant façon mannequin sur un podium ; debout, méditant face à la mer ; assise, les bras croisés sur ses jambes repliées ; allongée sur le côté en naïade. D'un naturel soigneusement apprêté, elle poursuit par l'entremise des photographes, et pour les yeux avides du public, un dialogue muet avec la famille royale.

La rupture est consommée depuis un an, le 28 août 1996, date de son divorce d'avec le prince Charles. Pour la première fois de sa vie Diana est riche. La « Firme » l'a dotée d'une indemnité de 17 millions de livres, et d'une coquette pension annuelle. Elle a gardé ses appartements au palais de Kensington et la reine lui a accordé le titre de courtoisie de « princesse de Galles ». Une distinction purement honorifique qu'elle peut accoler à celui de Lady Diana, titre qui lui vient de son père, le huitième comte Spencer. Mais son plus grand trésor est d'être – pour toujours – la mère des deux héritiers directs de la Couronne, les princes William et Harry. Un capital qui ne peut que s'enrichir au fil du temps, laissant raisonnablement penser qu'elle deviendra un jour la mère du roi d'Angleterre et autres réjouissantes contrées.

Côté cœur, les perspectives sont moins éclatantes. Le mariage de la jeune Diana, âgée de 20 ans, avec un célibataire endurci de plus de douze ans son aîné était basé, dès les prémices, sur un malentendu (*misunderstanding*). Elle s'imaginait épouser le prince charmant après avoir, comme elle le précisait finement, «attrapé le gros poisson»; lui s'exécutait suite à un ultimatum de la reine, sous peine de perdre le titre d'héritier de la Couronne.

La répugnance de Charles à convoler pour assurer sa descendance porte un nom: Camilla Shand. Cette pétulante jeune femme, fille d'un aristocrate, major de l'armée britannique reconverti dans le négoce du vin, est le prototype de l'Anglaise un brin excentrique, digne héritière des suffragettes, plutôt «country» que «gentry». Elle a de la personnalité, de l'humour, et un an de plus que Charles. Autant de qualités qui n'en font pas une royale belle-fille idéale. D'ailleurs, Camilla, qui a entamé une liaison avec Charles en 1970, renâcle à l'idée de l'épouser.

Son amoureux dépité s'engage dans la Marine, et embarque comme officier sur le HMS *Norfolk*, après une formation accélérée de quelques semaines au Royal Naval College. Camilla met – semble-t-il – un point final à cette idylle en épousant en 1973 Andrew Parker Bowles, un honorable officier des Horse Guards, filleul de la reine mère, et dont elle aura deux enfants. Charles, lui, mettra huit ans pour se décider à épouser Diana.

Le récit de leur romance se situe officiellement en 1980 à l'occasion d'un dîner où Diana est,

14

comme par hasard, placée à la droite de Charles. En réalité les intrigues de palais pour caser le prince ont commencé bien avant. À la manœuvre, Lord Mountbatten qui milite activement en faveur de sa petite-fille, Lady Amanda.

L'oncle du duc d'Édimbourg, déjà à l'origine du mariage de son neveu et de la future Élisabeth II, s'est érigé en statue du Commandeur au sein de la famille royale. Descendant de la moitié du gotha européen, il se définit en une formule : « J'ai la faiblesse congénitale de croire que je peux tout faire. » Il expliquait ainsi poétiquement dans une lettre à son neveu Charles : « Dans un cas comme le vôtre, l'homme doit semer son avoine sauvage, et avoir autant de liaisons qu'il peut avant de se fixer. Mais pour sa femme, il doit choisir une fille convenable, attrayante, avec un caractère soumis, et qui n'ait jamais fréquenté quelqu'un... Il est perturbant que les femmes aient eu des expériences, alors qu'elles doivent être placées sur un piédestal après le mariage. »

Charles, instruit de ces conseils d'expert[1], poursuit sa vie de célibataire convoité, enchaîne les petites amies et les courtes liaisons, tout en gardant avec Camilla, devenue sa confidente, une tendre et régulière relation épistolaire et téléphonique.

---

1. Sa femme Edwina a eu une liaison avec le Premier ministre Nehru, alors que Mountbatten est gouverneur général de l'Inde.

Au nombre de ses amours éphémères, une certaine Sarah Spencer, l'aînée des trois filles du vicomte Althorp. Les sœurs Spencer, ravissantes et bien nées, fréquentent la famille royale, et sont invitées aux soirées et aux fêtes qui viennent égayer les vacances à Balmoral, la résidence écossaise de la reine. «J'apprécie beaucoup les trois filles Spencer» écrit Élisabeth à l'une de ses amies, preuve d'intérêt d'un monarque plutôt avare de marques d'affection.

Diana, la cadette, se fait discrètement remarquer par sa propension à sourire, même quand elle ressort crottée d'un fossé boueux pendant une partie de chasse, et par ses capacités à toujours dire «les bonnes paroles» lorsqu'on s'adresse à elle. La marque d'une excellente éducation et d'une maîtrise d'elle-même, qualités qui ne peuvent que séduire Brenda[1] à la recherche d'une épouse acceptable pour son héritier.

L'expertise de Lord Mountbatten, figure tutélaire des Windsor, est requise. La candidature de sa petite-fille Lady Amanda n'ayant pas été retenue[2], l'examen de la postulante Diana est vite expédié. Elle est protestante, aristocrate, sportive, apte à procréer et célibataire sans passé sulfureux. De surcroît jolie, brièvement éduquée dans une institution suisse

---

1. Surnom donné à la reine par le magazine satirique *Private Eye*.
2. Le duc d'Édimbourg s'y oppose, craignant que l'influence de Mountbatten ne connaisse plus de limites. Quant à Charles, il chipote.

pour jeunes filles, pas sotte, mais sans le poids d'un trop gros bagage intellectuel. La princesse idéale.

Lord Mountbatten accorde sa bénédiction. Ce sera d'ailleurs sa dernière recommandation puisqu'il est tué dans un attentat de l'IRA le 27 août 1979, ce qui retardera la date des fiançailles.

Les ultimes réticences du prince levées, le 24 février 1981, Buckingham Palace peut – enfin – publier l'annonce officielle, précipitant la presse populaire britannique dans une frénésie prénuptiale, préliminaire à un juteux feuilleton dont elle est bien loin d'imaginer les rebondissements.

Les déboires commencent alors que Diana n'est encore que promise. Lors de l'interview donnée par le couple quelques jours après les fiançailles, à la question « Êtes-vous amoureux ? », elle répond enthousiaste : « Bien sûr ! » tandis que Charles lâche du bout des lèvres : « Oui... Quoi que puisse signifier amoureux. »

La rumeur insistante de la présence d'une autre femme dans la vie de Charles a fini par parvenir aux oreilles d'une Diana incrédule. Deux jours avant son mariage, elle s'en ouvrira auprès de ses sœurs. « Ton portrait est déjà brodé sur les serviettes des services à thé. Tu ne peux pas te dégonfler maintenant », lui auraient-elles rétorqué. Tout le reste de son existence va être à l'image de cette réplique.

Elle sera désormais un visage radieux, imprimé *ad nauseam*, jusque sur les mouchoirs qui serviront à cacher ses larmes.

Diana a tout juste 20 ans lorsqu'elle épouse en grande pompe, quelques mois plus tard, Charles Philip Arthur George, prince de Galles, en la cathédrale Saint-Paul de Londres. Parmi les 35 000 invités, Camilla Parker Bowles, au bras de son mari Andrew. L'aristocratique officier est un familier des événements royaux : il avait participé comme petit page, en 1953, au couronnement d'Élisabeth II. C'est aussi un ami de Charles, avec qui il partage la même passion pour le polo et autres plaisirs de sa caste.

Le couple Parker Bowles a ses entrées à Buckingham, et même dans l'intimité de Balmoral, où Camilla chasse volontiers le renard en compagnie de Charles. Ce qui fera dire à Diana, bien plus tard, dans l'un de ses rares traits d'esprit : « Nous étions trois à ce mariage, il y avait un peu trop de monde. » Pour l'heure, l'assistante du jardin d'enfants du *Young England* de Knightsbridge est en passe de vivre – selon les mots de l'archevêque de Canterbury – un moment « de l'étoffe dont sont tissés les contes de fées ». Sous les yeux humides du milliard de téléspectateurs qui assistent à la cérémonie diffusée en direct. Ils ne vont pas quitter leurs fauteuils – ni leurs mouchoirs – pendant plus de quinze ans.

Pour Charles, le mariage fait partie de l'une de ses nombreuses – et fastidieuses – obligations protocolaires auxquelles doit s'astreindre le prince de Galles pour la plus grande gloire de la Couronne. Il sait parfaitement s'y plier : il a été élevé dans cet exercice depuis son plus jeune âge. Son agenda officiel est fixé par Buckingham plusieurs années à l'avance. Réceptions de délégations étrangères, voyages officiels, inaugurations, tournées dans le Commonwealth, visites princières... sont calibrés à la minute. En contrepartie, il est libre d'organiser sa vie privée comme il l'entend.

Et le prince Charles ne chôme pas, l'essentiel de ses activités est consacré à la gestion attentive du duché de Cornouailles – dont il perçoit les revenus – ainsi que de ses propriétés immobilières à Londres et d'un confortable portefeuille d'investissement financier. Homme d'affaires avisé, son patrimoine – qui n'a cessé d'augmenter – est évalué aujourd'hui à plus d'un milliard d'euros et ses revenus annuels à près de 24 millions. En ce qui concerne ses loisirs, polo, chasse, peinture... et autres activités plus discrètes, il juge qu'il n'a de comptes à rendre à personne. Et certainement pas à sa jeune épouse qui, enceinte de William, se morfond dans l'ancienne nursery de Buckingham.

La reine a fait aménager, pour le jeune couple, des appartements à Buckingham Palace, à l'emplacement de l'ancienne nursery, manière élégante de rappeler à Diana son premier devoir. Elle va s'y plier consciencieusement, et avec l'aide de son époux, donne naissance à son premier fils William, onze mois après leur mariage. La presse et le public ne tarissent pas d'éloges sur cette future reine qui a su si parfaitement remplir son rôle, relustrant l'image de la monarchie en assurant sa pérennité. D'autant que Diana exécute parfaitement ses obligations mondaines, tout en ajoutant sa touche personnelle à l'exercice des fonctions officielles de prince et princesse de Galles.

C'est dans l'intimité qu'elle a très vite réalisé que son mari ne l'aime pas et n'a qu'une hâte, s'éloigner d'elle une fois son devoir accompli. Paradoxalement, alors qu'elle fait complètement partie de sa vie publique, elle est écartée de sa vie privée. Cette situation, à renverse, la désarçonne et la plonge dans une profonde détresse, qui s'exprimera par des accès boulimiques suicidaires. Obsédée par sa silhouette, elle dissimule les effets de ses crises, en mettant sur le compte de sa grossesse ses vomissements volontaires.

« Lorsque l'enfant paraît, le cercle de famille applaudit à grands cris. » Avec lui, la presse britannique et internationale ainsi que son milliard de fans. La naissance de William, si elle n'arrange en rien la vie sentimentale de Diana, va lui permettre néanmoins de retrouver le devant de la scène. Dans la dramaturgie monarchique, la naissance d'un héritier procure à la mère un nouveau statut et de nouvelles armes. La plus redoutable est le pouvoir de la maternité. Elle va s'y exercer.

Diana peut enfin quitter « l'enfer » de Buckingham pour s'installer dans ses nouveaux appartements de l'élégante résidence de Kensington Palace.

Ce sont les jardins qu'elle affectionne particulièrement, y promenant simplement son fils sous l'objectif complice des photographes. C'est au cours de ces promenades, aujourd'hui symbolisées par le « Diana Princess of Wales Memorial Walk », qu'elle va prendre conscience de la puissance des media.

Sa notoriété et son prestige grandissent au fur et à mesure qu'elle déroule avec grâce, gentillesse et élégance une présence rayonnante que la naissance d'un deuxième fils, Henry (dit Harry), vient couronner. Sa coiffure, créée par le visagiste Richard Dalton, devient iconique, les jeunes femmes de la middle class se ruent chez le coiffeur pour l'imiter. Les photographes se pressent maintenant pour suivre les voyages du couple à l'étranger, à New York, Paris ou Le Caire. Ce ne sont pas les Galles qui font la une, mais Diana. Charles voit son rôle réduit à l'état de prince consort, s'ennuyant avec distinction, tout en observant ironiquement le manège de son épouse paradant sous les sunlights. La popularité de Diana célèbre une qualité qui transparaît sous le papier glacé des magazines, son intérêt naturel pour les autres. Quoique cette empathie affichée puisse aussi s'analyser comme le reflet obsessionnel d'une quête narcissique.

En terme d'image, sa renommée atteindra la perfection lorsqu'en avril 1987, elle s'assoit sur le lit d'hôpital d'un malade du sida et lui prend longuement la main. Un geste aujourd'hui banal mais qui eut, à l'époque, un retentissement mondial. La grande majorité de l'opinion publique était encore persuadée que la maladie pouvait se transmettre par un simple contact. Première célébrité à accomplir ce geste, elle s'attira un respect et une sympathie planétaires, ainsi que la reconnaissance et le soutien indéfectible de la communauté homosexuelle, alors mortellement affectée par l'épidémie.

La presse – jamais à court d'un cliché – la surnomme bientôt « princesse du peuple », avec sa variante romanesque, « princesse des cœurs ».

Ironie du sort, dans sa vie privée, Diana n'a jamais été aussi malheureuse que depuis qu'elle est devenue princesse.

Elle s'essaiera à utiliser la puissance des media, face à la brutalité de la Firme et au cynisme de son époux.

Elle n'en doute pas, Charles a renoué avec sa maîtresse Camilla. Plusieurs éléments confortent ses soupçons, le couple Parker Bowles est de toutes les réceptions et la présence d'Andrew, le mari, ne suffit pas à donner le change à la complicité qui règne entre les amants.

Diana, femme jalouse, moins naïve que sa mine le laisse croire, est à l'affût du moindre indice. Et elle en trouve. Des boutons de manchettes qu'affectionne le prince, gravés de deux C entrelacés. Des photos de sa rivale qui tombent d'un livre... mais surtout les absences répétées de Charles. Il séjourne souvent à Highgrove, sous prétexte de sa passion pour l'*organic farming*[1], dans sa luxueuse propriété agricole, située à une vingtaine de kilomètres de celle des Parker Bowles. Ou bien s'absente pour de longues parties de chasse à Birkhall, une annexe du château de Balmoral.

La liaison du prince est connue – ou soupçonnée – d'un petit cercle restreint, mais l'omerta qui touche à l'intimité des membres de la famille royale fonctionne parfaitement. Même la presse populaire, qui scrute en permanence les faits et gestes du couple, n'y voit que du feu.

D'autant que rien ne transparaît du désespoir de Diana dans le parcours parfait qu'elle exécute en public aux côtés de son époux. En attirant la lumière, elle permet à cette part d'ombre de Charles de prospérer. Le danger d'être démasqués attise même le désir des deux amants, comme on le découvrira plus tard lorsque l'affaire sortira au grand jour.

L'éclat de la « princesse des cœurs » resplendit maintenant en couverture des magazines internationaux. On observe une mutation de son personnage, elle se transforme physiquement. La grande adolescente timide et attentive à plaire, attifée comme une poupée anglaise, se transforme en jeune femme mûre, sûre de son charme, qui en joue avec naturel

---

1. Agriculture biologique. Charles en fera une lucrative activité.

et virtuosité. Alors qu'elle vient de mettre au monde un deuxième héritier, son apparence change, elle s'habille désormais chez les couturiers, allonge subtilement sa coiffure, peaufine sa silhouette dans les salles de sport, travaille son maquillage. Même son sourire, un peu crispé, devient plus large et franc, bien qu'un peu de travers.

Et elle apprend à monter convenablement à cheval.

Est-ce pour pouvoir suivre l'équipage du prince Charles lors des chasses au renard ?

Toujours est-il qu'on lui attache un maître de manège, le lieutenant James Hewitt du Household Cavalry Regiment, une des deux unités de cavalerie chargées de la garde rapprochée de la reine. La date à laquelle l'officier d'origine nord-irlandaise prend ses fonctions auprès de la princesse de Galles est protégée comme un secret d'État. Sa carrière n'aurait pourtant suscité aucun intérêt jusqu'à ce que Diana reconnaisse officiellement, en 1995, au cours d'une interview à l'émission «Panorama» de la BBC, qu'il a été son amant pendant plusieurs années. La presse populaire d'investigation se penche très attentivement sur son cas, avec comme enjeu une paternité supposée du prince Harry, né en septembre 1984. Les observateurs relèvent que Hewitt a été promu capitaine, un mois après la naissance d'Harry, et transféré dans les cadres actifs permanents de l'armée (Regular Commission) un an plus tard. Les soupçons s'appuient sur une vague ressemblance entre Harry et Hewitt, basée essentiellement sur leur chevelure rousse.

L'intéressé affirmera solennellement que leur liaison a débuté en 1985, après donc la naissance du cadet de Diana. Néanmoins, à plusieurs reprises, il laissera planer une ambiguïté sur cette date, laissant supposer que leur relation aurait commencé bien avant.

La probité et l'honnêteté du capitaine Hewitt étant particulièrement sujettes à caution – il publiera un déshonorant livre de Mémoires et tentera de négocier les lettres d'amour de Diana pour 10 millions d'euros –, ces insinuations ne resteront que nauséabondes rumeurs.

Selon les deux protagonistes, cette longue liaison de quatre ans se terminera en 1989, à la demande de Diana, laissant le fringant capitaine « au bord du suicide ». Il s'en épanchera plus tard dans des confidences abondantes et confortablement rétribuées par les magazines spécialisés.

Le capitaine de cavalerie est muté en 1991 dans la section opérationnelle de son régiment, et expédié au Koweït pour l'opération Tempête du désert, aux commandes d'un char Challenger. Il s'en sortira indemne, avec une citation pour « conduite valeureuse », insuffisante néanmoins pour mériter une décoration. Recalé par trois fois aux examens pour le grade de major, il ne l'obtiendra qu'en prenant sa retraite.

Exit Hewitt.

Charles pendant ce temps vaque à ses affaires. Il s'intéresse à la défense de l'environnement, tente de révolutionner l'architecture de la capitale, monte trois fondations – dont le Prince's Trust –, se lie d'amitié avec le quatorzième dalaï-lama et milite contre la déforestation et pour l'agriculture biologique. D'un naturel réservé et d'apparence effacée, le prince de Galles a néanmoins suivi une formation universitaire à Cambridge dont il est ressorti diplômé. Premier membre de la famille royale à obtenir un parchemin par ses seuls mérites, il a en outre commandé pendant dix mois un chasseur de mines, le HMS *Bronington*. Il est qualifié comme pilote de chasse et d'hélicoptère, pilote lui-même un BAe 140, le quadrimoteur personnel de la reine.

Ces activités ne lui laissent que peu de temps à consacrer à sa vie sentimentale, qu'il dédie exclusivement à sa maîtresse Camilla. Les deux amoureux vivent une passion qui ne peut s'expliquer uniquement par l'excitation du danger et de l'éloignement. Charles et Camilla forment à l'évidence un véritable couple et la suite de l'histoire va le démontrer.

Diana, elle, enchaîne les flirts et les aventures qui vont bientôt faire les choux gras des media. Jusqu'en 1985, la relative retenue de la presse à l'égard du couple princier tient tout autant à la crainte de la lèse-majesté qu'à la répugnance à casser l'image idéale de Diana dans le public. Pourtant les échos défavorables commencent à percer, alimentés par les confidences du personnel et de quelques proches bien intentionnés.

Le lit conjugal est la première cible de ces scrutateurs attentifs des ébats princiers. L'incroyable rumeur est distillée tout d'abord discrètement : Charles et Diana feraient chambre à part ! Mais à l'occasion d'un voyage officiel au Portugal, l'information est confirmée « de source sûre » : le couple fait bien « suite à part ».

Rien ne va plus chez les Galles.

La machine à broyer est en marche, et ne va pas s'arrêter. Le prince est la cible toute désignée de la vindicte médiatique. Sa liaison – supposée – avec Camilla est évoquée – avec précaution – comme la cause de cette brouille conjugale. Diana est élevée alors au rang de victime de cette « mauvaise femme » dont on se demande d'ailleurs – la comparaison lui étant si défavorable – comment elle a pu devenir la rivale de la « princesse des cœurs ».

Diana boit du petit-lait devant cette campagne de presse.

Elle a tort de se réjouir, les tabloïds commencent aussi à s'intéresser à elle… différemment. Les baisers aux petites filles venues lui apporter des bouquets, les visites aux lépreux et aux orphelins commencent à lasser. « Cherchez la femme ! » (en français), expression que les Britanniques affectionnent, va se transformer pour Diana en redoutable *Look for the man*.

La première victime collatérale sera l'homme on ne peut plus proche d'elle : son garde du corps Barry

Mannakee. Ce policier de 32 ans du Royal Protection Squad est brusquement exfiltré de Kensington par le Palais en raison d'une « trop grande proximité » avec la princesse. Il mourra un an plus tard dans un accident de moto. Circulant comme passager d'un de ses collègues, leur moto heurte lors d'un dépassement une voiture conduite par une jeune fille de 17 ans. L'enquête conclura à l'indubitable accident, mais va néanmoins alimenter d'improbables rumeurs... reprises par Diana.

La jeune femme va alors se pencher sur l'épaule accueillante d'un de ses amis, James Gilbey, un séduisant concessionnaire d'automobiles haut de gamme, célibataire et désinvolte – surnommé affectueusement « Squidgy » –, rencontré bien avant son mariage. Leur relation va être à l'origine en 1994 d'un fameux scandale, le « Squidgygate », lors de la publication d'écoutes téléphoniques explicites datant de la fin 1989. Le Palais aurait été parfaitement au courant de l'existence de ces écoutes, et la princesse discrètement avertie. Celle-ci aurait rétorqué « qu'elle ne s'en préoccupait pas », ajoutant à l'intention de son interlocuteur : « Ils ne peuvent rien contre moi ! »

En dix ans, Diana a acquis un aplomb qui frôle l'impudence. Trois raisons l'autorisent à provoquer la Firme. Elle est la mère de l'héritier du trône, elle est bafouée par son mari et son image est au zénith.

N'est-elle pas la femme la plus photographiée au monde ?

Elle va même avoir le cran d'affronter sa rivale face à face. La scène a lieu en 1989, lors d'une fête donnée pour l'anniversaire d'Annabel, la sœur de Camilla. Elle s'y impose et, au cours de la réception, entraîne publiquement la maîtresse de son mari pour un aparté... sous les yeux inquiets de Charles et les regards gourmands de la compagnie. S'ensuit un dialogue digne du feuilleton *Amour, Gloire et Beauté.*

Diana, agressive : « Je sais ce qui se passe entre Charles et vous, et je tiens à ce que vous le sachiez ! »

Camilla, sur la défensive : « Vous avez tout ce que vous avez toujours voulu. Vous avez tous les hommes du monde à vos pieds. Vous avez deux beaux enfants. Qu'est-ce que vous voulez de plus ? »

« Je veux mon mari ! » réplique Diana, altière.

Fi de la tragédie shakespearienne, on patauge dans le drame bourgeois. Camilla est maintenant prévenue : Diana veut récupérer son mari.

Que ce soit par vanité féminine, ou jalousie amoureuse, la guerre entre les deux femmes est déclarée. Et Camilla n'a d'autre alternative, pour garder son amant, que de provoquer une séparation ou un divorce.

Les imprudences de Diana vont l'y aider.

Diana enchaîne les liaisons. Elle jette son dévolu sur Oliver Hoare, un élégant antiquaire spécialiste de l'art islamique, marié à Diane, une Française de bonne famille. Le couple se trouve être aussi d'excellents amis de la sœur de Camilla.

Leur liaison se termine mal. Diana harcèle Hoare après leur rupture. Il reçoit en dix-huit mois plus de trois cents coups de téléphone « muets », dont plusieurs proviennent de la ligne privée de Kensington Palace.

En véritable gentleman, Hoare ne prononcera jamais un mot, ni sur sa liaison, ni sur les coups de fil anonymes. Ce sont les Mémoires d'un ancien agent de sécurité de Diana, Ken Wharfe, qui donneront corps à cette aventure. Il en confirme l'existence et raconte avoir surpris Hoare, en petite tenue, fumant son cigare, dissimulé derrière une plante verte dans les couloirs de Kensington.

Diana va alors cacher sa déception entre les bras musclés de Will Carling, le capitaine de l'équipe de rugby de Grande-Bretagne. Il rencontre Diana au Chelsea Harbour Gym, le très chic club de sport que fréquente assidûment la princesse. Il charme autant Diana que ses fils, en leur offrant des maillots officiels. Plus jeune capitaine de l'équipe nationale à 22 ans, Will est alors au faîte de sa gloire. Il a remporté le Grand Schelem dans le Tournoi des Cinq Nations, et en 1991 a emmené son équipe en finale de la Coupe du monde. Les tabloïds s'emparent de l'affaire, qui leur permet de marier deux bons clients : une princesse adultère et un sportif adulé.

Julia, l'épouse de Will, journaliste et présentatrice à la télévision, n'apprécie pas du tout « l'étroite amitié » qui lie son mari et Diana. Elle le fait savoir publiquement après avoir surpris une conversation entre les amants où Diana demande à Will de divorcer. « Elle n'a pas choisi le bon couple ! »

Will jure qu'on ne l'y reprendra plus. Las, quelque temps plus tard il se fait piéger de nouveau au club de gym. Dans un communiqué commun embarrassé, le rugbyman et la speakerine annoncent leur séparation. Ils divorceront peu après.

Diana va déclencher elle-même la guerre contre Charles et Camilla. Sans calculer qu'elle ouvre, en même temps, les hostilités contre une redoutable institution, la famille royale. Elle le fait d'abord sournoisement, en s'acoquinant à Andrew Morton, un obscur journaliste de la presse tabloïd, le *Daily Star*. Morton est aussi l'auteur de livres insignifiants sur l'aristocratie britannique, axés principalement sur les frasques du prince Andrew.

En 1980, Morton se lance dans l'écriture d'un ouvrage sur Diana en piochant de-ci de-là quelques anecdotes, insuffisantes néanmoins pour donner matière à une œuvre « d'écrivain et d'historien », titres qu'il revendique pour ses ouvrages. Il ne connaît qu'une seule personne susceptible de toucher Diana, le Dr James Colthurst. C'est un jeune médecin, dont il a repéré les liens d'amitié avec la princesse lors d'un reportage sur l'inauguration d'un scanner, à l'hôpital Saint-Thomas où il est interne. Depuis, Morton « cultive » régulièrement ce contact et s'adresse à lui – sans trop y croire – pour solliciter une interview de la princesse.

À sa grande surprise, Diana accepte de collaborer... mais pose des conditions draconiennes. Elle exige le secret absolu sur sa participation ; refuse de rencontrer en personne son « biographe » et même d'évoquer son nom, elle l'appellera Noah (Noé) ; exige un droit de regard sur le manuscrit et désigne James Colthurst comme unique intermédiaire.

Le jeune médecin est effectivement un ami proche de Diana, qu'il a rencontrée aux sports d'hiver alors qu'elle n'avait que 17 ans. Fils de bonne famille, ses parents, Sir et Lady Colthurst, habitent un fameux château à Blarney dans le comté de Cork en Irlande du Nord. James a maintenu, par la suite, des relations cordiales avec elle.

Le bon docteur accepte de jouer le « petit télégraphiste » entre le modeste appartement du journaliste et le palais de Kensington. Noé écrit des séries de questions, auxquelles Diana répond – ou pas – sur bandes magnétiques. Les notes et les enregistrements sont transportés dans une petite serviette en cuir par Colthurst, qui fait la navette... à vélo.

Méthode simple qui va prouver son efficacité.

À l'écoute de la première bande, Morton et sa femme n'en croient pas leurs oreilles. Diana n'y va pas de main morte à propos de Charles et Camilla, donnant des détails qui authentifient ses assertions sur leur liaison. Elle dévoile les pseudonymes qu'ils utilisent pour communiquer secrètement, « Gladys et Fred » ; décrit les cadeaux qu'elle a trouvés en fouillant dans ses affaires et dévoile le contenu de conversations téléphoniques – à caractère sexuel – qu'elle a surpris en espionnant son mari, jusque dans les toilettes... Et d'autres turpitudes, qu'elle a soigneusement collationnées.

À ces détails sordides, elle ajoute un tableau clinique de son état psychologique. Révèle qu'elle est boulimique et se fait vomir, qu'elle se blesse volontairement et a tenté plusieurs fois de se suicider – dont une fois alors qu'elle était enceinte. Elle donne des lieux, des dates et rapporte la réaction de Charles qui l'accuse de « crier au loup » après ses tentatives éperdues pour attirer son attention. Elle trace le pathétique portrait d'une femme jalouse, désespérée, et d'un mariage raté.

Aux antipodes de son image officielle.

Même si, en public, l'icône se lézarde. Les confidences et les rumeurs, plus ou moins intéressées, de proches et de domestiques sourdent dans la presse. Diana elle-même, pour illustrer l'abandon dont elle est victime, utilise la force de son image. Le jour de la Saint-Valentin en 1992, elle se fait photographier seule et mélancolique devant le Taj Mahal pendant un voyage princier en Inde.

Effet garanti, le cliché fait le tour du monde.

Le pavé de Morton *Diana : Her True Story* est lancé trois mois plus tard. Abasourdie, la presse people accueille tout d'abord avec méfiance et mépris ces révélations. Aucun tabloïd n'accepte de le publier en feuilleton, c'est dire ! L'ouvrage est qualifié de « petit roman de gare », et leur distingué collègue, qui ne peut révéler ses sources, traité de menteur et accusé d'avoir tout inventé.

En revanche, le public ne s'y trompe pas et se précipite sur cette biographie inspirée. (Le livre, tiré à 5 millions d'exemplaires, sera traduit en 29 langues et vendu dans 80 pays.) Le prince, lui, a tout de suite compris que ce luxe de détails et leur véracité ne pouvaient avoir qu'une seule origine. Charles n'en doute pas, l'inspiratrice de ce brûlot est sa propre femme.

Cet affront est une déclaration de guerre.

Était-ce le but recherché ? Vraisemblablement pas.

Certes, Diana voulait se venger du mépris de Charles et de l'indifférence de la famille royale, mais sa cible principale était, avant tout, Camilla. Confiante dans sa position d'épouse bafouée et de mère exemplaire, forte de son image iconique, elle a imaginé que le scandale balaierait sa rivale. C'était compter sans l'attachement passionnel qui unit « Gladys et Fred ».

Dans ce ménage à trois, le véritable couple c'est eux ; elle n'est que la pièce rapportée.

Et va en faire les frais.

Le prince Charles humilié, Camilla mise au pilori : toute la famille royale est touchée… et la monarchie déconsidérée. Si Diana espérait ainsi récupérer son mari, elle a manqué son but. La réponse de Charles, glaciale et hautaine, la renvoie à sa condition : « Pensiez-vous sérieusement que je serais le premier prince de Galles de l'histoire à ne pas avoir de maîtresse ? »

La riposte des amants va être méthodiquement organisée. Tout d'abord, Camilla se sépare à l'amiable d'Andrew Parker Bowles. Son rôle de mari-alibi est devenu superflu : celui-ci recouvre sa dignité, et son épouse, sa liberté. Camilla instille ainsi subtilement qu'entre son mari et son amant, elle a choisi ce dernier.

Pour la façade, la reine signifie son mécontentement, en interdisant à Camilla – mais pas à Andrew – de se présenter dorénavant à la Cour. L'objectif avoué est de la faire disparaître des radars, et – apparemment – de la vie de Charles. Cette mise entre parenthèses lui laissera toute liberté pour agir dans l'ombre.

Nul doute que les futurs épisodes de ce que la presse baptisera pompeusement la « guerre des Galles » portent la griffe de Camilla.

Chapitre 2

La première attaque va consister à entamer
l'image idéale de Diana dans l'opinion publique en
révélant ses entorses au contrat de mariage.

Aucun des faits et gestes de la famille royale
n'échappe aux services spéciaux chargés de la protection de ses membres. L'attentat qui a coûté la vie
à Lord Mountbatten a renforcé ses prérogatives.

Un « cabinet noir », en relation constante avec
le MI5 (service secret intérieur britannique) et
Scotland Yard, est chapeauté par le prince Philip,
duc d'Édimbourg en personne. Ce service veille
sur les fréquentations et les liaisons de la princesse
de Galles. Comme il le fait sur celles du prince
Charles.

Une sorte d'« agreement » voulait que ces aspects
de leur vie privée soient endurés, tant qu'ils n'affec-
taient pas la vie officielle de leurs Altesses Royales.

En dérogeant inconsidérément à ce non-dit,

Diana a rompu un tabou dont elle n'avait visiblement pas anticipé les conséquences.

Peu après la sortie du livre de Morton, le *Sun,* un tabloïd appartenant au magnat des media Robert Murdoch, publie la retranscription d'une conversation téléphonique sans équivoque entre Diana et son amant James Gilbey, datant de la fin de l'année 1989. Cette conversation aurait été interceptée par hasard par un « radio amateur », qui l'aurait livrée aux journalistes du quotidien à plus fort tirage de la presse britannique.

Le scandale est tel qu'on l'affuble du qualificatif de « Squidgygate ». Il est rapidement établi que l'origine de cette interception n'a rien à voir avec le hasard. La bande a été altérée pour lui donner l'apparence d'un enregistrement amateur, et les soupçons – énergiquement démentis – se tournent en direction du Government Communications Headquarters (GCHQ), le service qui intercepte toutes les communications au Royaume-Uni, et accessoirement dans le reste du monde. Néanmoins l'enquête officielle qui suit – demandée au MI5 par la reine – blanchit les services de renseignement et certifie que cet enregistrement (et un autre encore plus cru qui n'a pas été publié) ne peut émaner des services de protection de la famille royale. En revanche, l'implication d'« espions-voyous » à la solde des tabloïds est évoquée avec insistance[1].

---

1. On aura la preuve qu'il s'agissait d'une pratique courante dans l'univers des tabloïds. Le scandale des écoutes sauvages

Diana est mortifiée par la révélation publique de son infidélité, qui estompe celle de son époux et lui fait perdre une partie de son aura. « Sa paranoïa atteint de nouveaux sommets », selon les termes de son secrétaire particulier Patrick Jephson. Elle se croit espionnée en permanence et cherche des micros partout, soulevant les tapis, inspectant les boiseries et les planchers... se taisant brusquement au cours d'une conversation, pour indiquer par signes qu'elle est écoutée.

Les conséquences sur la vie officielle du couple sont désastreuses. Malgré les efforts du Palais pour maintenir une apparence de normalité, le dernier voyage officiel du prince et de la princesse de Galles, en novembre en Corée du Sud, est un fiasco. Au cours de ce « voyage de la réconciliation », comme l'avaient promu les porte-parole de Buckingham, « Monsieur et Madame Lugubre » ne s'adressent pas la parole.

La cause est entendue : pas de pardon pour Diana.

En décembre 1992, le Palais annonce officiellement la séparation de leurs Altesses Royales le prince et la princesse de Galles. Camilla a remporté la bataille. Gagner la guerre n'est plus qu'une question de temps.

---

conduira, en 2010, à l'audition par une commission d'enquête de Robert Murdoch et la fermeture du quotidien *News of the World*.

«Annus horribilis.» La reine, en qualifiant ainsi cette année 1992, lors de son discours pour célébrer le 40ᵉ anniversaire de son accession au trône, déplore trois divorces et un incendie. Le feu qui s'est propagé au château de Windsor, détruisant bâtiments, souvenirs et œuvres d'art, parachève une année qui a vu, en mars, la séparation de son fils Andrew de la flamboyante Sarah Ferguson, puis le divorce de sa fille Anne de son mari Mark Phillips, et enfin la séparation de Charles et de Diana. La reine n'est pas au bout de ses peines. Outre les difficultés financières qui l'assaillent pour la reconstruction de son château, elle est confrontée en janvier 1993 à un épisode particulièrement sordide de la guerre des Galles.

Le scandale a été concocté – encore une fois – par Robert Murdoch, qui fait publier, en Australie, dans *New Idea*, un obscur magazine pour ménagère appartenant à son empire médiatique, la retranscription d'une écoute téléphonique entre Charles et Camilla.

L'enregistrement, qui date de 1989, n'aurait qu'un côté anecdotique, si Charles ne se livrait à des considérations «érotico-hygiéniques» sur la place d'un tampon qu'il adorerait occuper. Ces confidences intimes susurrées au téléphone entre deux amants, prennent une autre tonalité lorsqu'elles sont imprimées et publiées à des millions d'exemplaires!

Les tabloïds anglais, et au premier chef le *Sun* de Murdoch, s'emparent avec gourmandise de ces révélations, opportunément publiées à l'étranger par un magazine féminin australien. Le procédé leur permet ainsi d'échapper aux lois britanniques sur la publication d'écoutes illicites et sur la protection de la famille royale. L'affaire est aussitôt finement baptisée «Camillagate», terme qui a le double avantage de faire allusion non seulement au scandale, mais aussi, en argot, au sexe féminin.

La charge est dirigée contre Charles plutôt que contre Camilla.

La presse internationale prenant le relais, les bizarreries sexuelles du prince de Galles font la joie des commentateurs. Hypocritement présentées pour ce qu'elles sont, des indiscrétions intimes dont la divulgation ne grandit pas ceux qui les propagent, elles alimentent la glose contre la monarchie. Mais, en Grande-Bretagne, où l'extravagance est une preuve de savoir-vivre, le «Camillagate» installe l'idée qu'un homme qui imagine de telles fantaisies avec sa maîtresse doit éprouver une réelle passion.

Le prince Charles, face à l'outrage, se drape dans une dignité méprisante, apparemment indifférent aux sarcasmes qui fleurissent dans son dos. En privé, il prépare sa contre-attaque. L'enjeu est d'importance, qui détermine sa capacité à accéder au trône le moment venu.

Une échéance se profile, le 25e anniversaire de son investiture en 1969 comme prince de Galles, héritier de la Couronne. Il décide de faire publier, pour cette occasion, une biographie autorisée et d'accorder une interview à la chaîne ITN. Pour présenter ces deux événements, il choisit le journaliste de télévision et écrivain Jonathan Dimbleby. Cela n'est pas dû au hasard. Le prince Charles apprécie ce professionnel qui a déjà une longue carrière comme présentateur d'émissions d'actualités internationales sur ITV et à la BBC. Il a aussi des affinités avec l'homme, qui dans sa jeunesse a voulu être agriculteur et continue à militer en faveur de l'agriculture biologique.

Engoncé dans son costume croisé, mal à l'aise sur le canapé de sa résidence de Highgrove, Charles répond péniblement aux questions de Dimbleby en choisissant ses mots, en tronquant la fin de ses phrases et en parsemant ce discours d'un prince de « Humm ! Humm ! » du plus mauvais effet. Cette interview destinée à lui restituer une dimension humaine et attrayante est un fiasco.

L'exercice met visiblement Charles à la torture. Il reconnaît du bout des lèvres son infidélité, mais qualifie Camilla d'amie proche et leur relation de romantique (ricanements dans les chaumières). Parfait gentleman, il s'abstient de toute récrimination ou allusion désobligeante envers Diana, affirmant qu'il a tenté, au début de leur mariage, d'être « fidèle et honorable ». Il fait passer fermement, néanmoins, deux messages. Tout d'abord, que ce mariage est « irrémédiablement décomposé » et deuxièmement « qu'un éventuel divorce ne serait pas un obstacle à son accession à la royauté ».

Au palais de Kensington, Diana encaisse.

Cette déclaration lui enlève une arme qu'elle pensait imparable, celle d'un *impeachment* que provoquerait leur divorce. Et Charles vient de lui faire savoir, publiquement, qu'il est résolu à franchir cette prochaine étape.

Celle-ci se profile dangereusement avec le retour en fanfare du major James Hewitt des Life Guards, le professeur d'équitation. Six mois après sa retraite, Anna Pasternak – lointaine cousine de l'auteur du *Docteur Jivago* – publie un livre au titre explicite, *Princess in Love*. James Hewitt en est le héros – et le principal contributeur. Il y détaille sa liaison de plusieurs années avec Diana.

L'ouvrage fait grand bruit et suscite autant de curiosité que de réprobation. Si le procédé ne diffère guère de celui utilisé par Diana pour le livre de Morton, les confidences du major scandalisent le public... qui se jette sur l'ouvrage ; les tabloïds... qui en publient de larges extraits ; et les militaires... qui interdisent Hewitt dans leurs casernements.

Officier mais pas gentleman. La nature de l'ex-amant de Diana va achever de se révéler, après la disparition de cette dernière, quand il tentera de négocier les 63 lettres qu'elle lui a écrites.

La sortie de la biographie de Charles, un mois plus tard – écrite par Jonathan Dimbleby –, est accablante pour la princesse de Galles. Avec une franchise inhabituelle pour un membre de la famille royale, le prince se livre à cœur ouvert et avoue qu'il n'a jamais aimé Diana et ne voulait pas l'épouser. Il s'y est résolu, poussé par la reine et son père le duc d'Édimbourg, dans un «état d'esprit confus et anxieux». La suite justifie cette appréhension.

Après le mariage, raconte-t-il, Diana alternait les périodes de dépression, atone, aphasique, entre-coupées de violentes crises de larmes. Saisie d'accès compulsifs, elle se jetait sur les magazines et les journaux pour y rechercher ses photographies, comme si elle espérait y découvrir la preuve de son identité. Ce tableau confirme celui que Diana traçait d'elle-même dans ses bandes magnétiques pour Morton. Quant à Charles, il se peint dans cette biographie comme pris au piège dans un mariage cauchemardesque auprès d'une épouse ennuyeuse, boulimique, égocentrique et d'une jalousie obsessionnelle.

Le conte de fées vire au règlement de compte mélodramatique. Pourtant, derrière les péripé-ties et les épisodes tragi-comiques, se dessine une redoutable volonté de faire disparaître Diana politi-quement. C'est la raison d'État qui prime avec, en filigrane, la survie de la Couronne qu'elle a mise en péril.

Diana va tenter de résister avec ses armes.

Sa force et sa raison de vivre sont tout entières dans sa notoriété. Celle-ci n'a jamais été aussi grande. La dimension sulfureuse de son personnage ajoute à la passion du public et de la presse people pour cette série qui dépasse la fiction. Diana est placée sur le même plan qu'un mannequin, une chanteuse ou une star de cinéma. Mais Diana ne chante pas, ne tourne pas de films et ne se dandine pas sur les podiums.

Elle devient princesse professionnelle.

Sollicitée par les plus grandes organisations internationales (Croix-Rouge, Unicef, recherche contre le sida…), elle est propulsée dans la sphère compassionnelle au rang d'ambassadrice. Un titre honorifique, donné par ces institutions à leurs prestigieux collecteurs de dons. Son coup de maître va être de se lancer dans la dénonciation des mines antipersonnel et des dommages qu'elles provoquent parmi les populations civiles. Action exemplaire, qui lui offre la possibilité de paraître et d'apparaître à la faveur d'une grande cause internationale, initiée par le CICR. C'est aussi l'opportunité de photographies spectaculaires, dont la plus célèbre, chic et choc, où elle pose en Angola, revêtue d'une tenue de démineur mais chaussée de Tod's, fera le tour du monde.

Diana, au cours de ces voyages caritatifs dans les pays étrangers, commence à mesurer les effets de sa séparation d'avec Charles. Elle n'est plus reçue par les chefs d'État selon le même protocole que lors de ses visites privées comme princesse de Galles. Elle n'est plus invitée dans les palais présidentiels, mais logée à l'ambassade, voire à l'hôtel. Si sa notoriété lui permet d'être priée à dîner, c'est en privé, et les réceptions où elle paraît sont organisées par des donateurs ou des *charities*.

En Grande-Bretagne, elle n'est plus conviée aux manifestations officielles ni pour les grands événements qui rythment la vie de la monarchie. Seule sa qualité de mère des héritiers de la Couronne lui ménage une place secondaire, en marge de la famille royale.

Son ressentiment n'en est que plus fort.

La sortie de la biographie de Charles l'a laissée paralysée, selon l'un de ses amis. « Elle est dévastée et se demande comment le père de ses enfants a pu lui faire ça ! » Néanmoins, vraisemblablement sur les conseils de ses avocats, elle ravale l'humiliation, « baisse la tête et s'abstient de tout commentaire ».

Ces sages résolutions ne vont pas durer.

En novembre 1995, la BBC diffuse, dans son émission « Panorama », une incroyable interview de Diana tournée dans ses appartements du palais de Kensington. Un luxe de précautions a été déployé pour garder le secret le plus absolu pendant l'enregistrement qui a eu lieu quelques semaines auparavant. Pour éviter toute indiscrétion, le patron de la chaîne publique avait été écarté, sa femme étant l'une des dames d'atours de la reine.

L'équipe, réduite au minimum, est choisie avec soin par un journaliste d'origine pakistanaise, Martin Bashir ; le montage du document est effectué dans un studio privé en dehors de ceux de la

BBC, et on profite d'un déplacement officiel de la reine en Nouvelle-Zélande pour effectuer les prises de vues.

Diana, vêtue d'un tailleur bleu sombre, un petit rictus aux lèvres, se livre, face à la caméra, à une confession en règle qui rappelle celle des concurrents des émissions de télé-réalité. Elle confirme, en détail, tous les problèmes psychologiques – voire psychiatriques – qui ont accompagné le début de son mariage et la naissance de ses enfants.

Désigne la coupable : Camilla.

Se plaint de l'indifférence de son époux et répète, comme si elle n'en revenait pas : « Le conte de fées est bien fini ! »

Puis, dans la grande tradition des reality shows, confirme qu'elle a commis l'adultère et reconnaît sa liaison avec le major Hewitt. « J'étais très amoureuse de lui », insiste-t-elle, toute en s'avouant « très déçue » que son amant dévoile son infidélité dans un livre.

Bien que ces péripéties de son existence soient déjà connues, ces aveux, de la bouche même de l'intéressée, renvoient un écho ravageur.

Le plus grave reste à venir.

La princesse de Galles ajoute une dimension inédite à cette confession, en critiquant la famille royale, sa cruauté et son cynisme. « Quand je faisais quelque chose de bien, personne ne me remerciait jamais. Mais à la moindre erreur, une tonne de briques me tombait dessus », explique-t-elle avec une fraîcheur désarmante. Puis, faute impardonnable, elle s'en prend à la légitimité du prince Charles, touchant au cœur du système qui depuis un millénaire dirige la Grande-Bretagne. La vulgarité de l'expression révèle une certaine inconscience sur les implications d'un tel propos : « Parce que je connais sa personnalité, je pense que ce *top job* lui apporterait d'énormes contraintes. Et je ne sais pas s'il pourrait s'y adapter. » Elle termine par cette phrase sinistre : « Qui sait ce que l'avenir nous réserve ? »

Dans l'immédiat, la presse accueille favorablement le show : ce rebondissement flatte le goût du public pour la série et alimente le feuilleton de la guerre des Galles. Le scandale est tel qu'on évoque l'abdication d'Édouard VIII par amour pour Wallis Simpson. Certains éditorialistes avancent même que la monarchie ne pourra résister à ce nouvel esclandre et prédisent l'avènement d'une république.

La reine réagit en souveraine. Elle convoque Diana à Buckingham Palace pour un entretien privé, dont on imagine l'ambiance glaciale et Sa Majesté, peu gracieuse.

À l'issue de ce tête-à-tête, Élisabeth II accorde à son fils l'autorisation de divorcer.

Quelles sont les raisons qui ont poussé Diana à se livrer à cet exercice, si contraire à ses intérêts, et qui anéantit tout espoir de reconquérir sa place aux côtés du prince Charles ?

D'anciennes relations de la jeune femme ont détecté l'influence nocive de son entourage. Depuis la séparation, Diana s'est entourée d'une cour, où se côtoient les rares amis qui lui restent et une cohorte de cartomanciennes, astrologues et autres voyants qui se mélangent à son escorte de masseurs, profs de gym, coiffeurs et pédicures. Tout ce beau monde est peu avare de judicieux conseils, que Diana écoute d'une oreille d'autant plus complaisante qu'elle a perdu toute confiance dans les fonctionnaires du palais de Kensington. Elle les soupçonne d'être tous des espions à la solde de son mari. Quant à ses avocats, elle a pris soin de ne pas les consulter avant sa performance télévisuelle.

En réalité, depuis la mi-septembre, Diana a du nouveau dans sa vie sentimentale. «Quelqu'un», comme disent les *Desperate Housewives*. Elle a repris du poil de la bête et ce regain de tonus a ravivé son appétit de vengeance.

L'heureux élu est un brillant cardiologue de 36 ans, d'origine pakistanaise, Hasnat Khan. La rencontre s'est faite fortuitement alors qu'elle accompagnait sa *guérisseuse*, Oonagh Toffolo, au Royal Brompton Hospital. Les coups de foudre tombent toujours là où on ne les attend pas, et c'est dans l'ascenseur que Diana flashe sur l'homme en blanc. «Il est vraiment à tomber!» confie-t-elle à Oonagh. Le moins qu'on puisse dire, c'est que ce n'est pas réciproque. Hasnat n'est pas du tout impressionné par sa célèbre visiteuse et reste de marbre devant le fameux sourire en coin.

Pendant quinze jours, Diana va faire sa cour. Elle retourne tous les jours à l'hôpital, de nuit de préférence, lorsque le cardiologue est de garde, multipliant les occasions de lui parler. Hasnat a beau être un bourreau de travail, il commence à se douter de quelque chose et lui propose, sans conviction, de l'accompagner à un dîner chez son oncle et sa tante à Stratford-sur-Avon. Diana accepte aussitôt, elle n'attendait que ça ! Un repas chez Omar et Jane, dans la ville natale de Shakespeare, quoi de plus romantique pour démarrer une idylle.

Instruite des fâcheux précédents, Diana est résolue à garder le secret sur leur liaison. Mais, en vraie paranoïaque, elle multiplie les précautions superflues, tout en agissant avec autant de retenue qu'une adolescente amoureuse. Elle change par précaution de portable tous les quinze jours. Mais poursuit son amant d'incessants coups de fil, jusque dans la salle d'opération, en utilisant de faux noms, qu'elle puise dans les grandes marques de sa garde-robe : Mme Armani ou Mlle Hermès. Elle redoute d'être suivie, mais continue de lui rendre fréquemment visite à l'hôpital sous de fallacieux prétextes. Mi-novembre, elle lui fait livrer anonymement une somptueuse composition florale qu'Hasnat est contraint de trimballer dans les couloirs sous les sourires entendus du personnel. Cette *affaire* est déjà un secret de polichinelle, lorsqu'un membre du personnel en obtient la preuve en interrogeant simplement le fleuriste sur l'origine de cette spectaculaire composition florale. La commande provient du palais de Kensington.

Il ne faut pas longtemps pour que la rumeur parvienne aux oreilles des paparazzi.

Un soir, Diana se fait griller comme une écolière, en sortant subrepticement de l'hôpital. Pourtant, avec une présence d'esprit qui en dit long sur son expertise de la presse people, elle téléphone sur-le-champ au rédacteur en chef du tabloïd *News of the World* en utilisant le portable du photographe. Avec des accents de vérité – qui tireraient des larmes au vieux Murdoch lui-même –, elle raconte qu'elle visite, régulièrement et secrètement, des patients en fin de vie pour soulager leurs derniers instants.

Plus c'est gros, mieux ça marche. Le journal se fend d'un article poignant titré «Les nuits secrètes d'un Ange» dans lequel Diana est dépeinte, avec de palpitants détails, comme la discrète héroïne des soins palliatifs. La jeune femme a astucieusement détourné l'attention sur sa liaison, en agitant un leurre, pas très honorable certes, mais qui a l'avantage de prendre les tabloïds à leur propre jeu et de renforcer son image compassionnelle.

Faut-il voir, dans le choix pour son interview iconoclaste à la BBC de Martin Bashir, d'origine pakistanaise, une manifestation de ce nouvel engouement? Il est clair que Diana est enchantée de son amant tout neuf et des nouveaux horizons qu'il lui fait découvrir. Pour la première fois, la princesse, élevée et nourrie au cœur de la Ruche, comprend qu'il existe une autre vie hors de ses labyrinthes.

Hasnat est un homme «normal», qui fume, boit de la Guinness, travaille douze heures par jour et se nourrit dans les fast-foods. Avec lui, Diana découvre des choses aussi excitantes que de commander un verre dans un pub et de discuter avec le barman; d'aller danser incognito dans une boîte de nuit avec une perruque brune; de faire la queue devant un club de jazz de Soho; de se faire livrer, après l'amour, des Kentucky Fried Chicken en pleine nuit à Kensington Palace... ou de chercher une place pour garer la voiture.

En outre, le parfum exotique de son petit ami enivre la jeune femme qui se passionne pour son pays d'origine. Elle harcèle sa famille, s'invite chez oncle Omar et tante Jane, se rapproche de Jemima, la fille du milliardaire Jimmy Goldsmith qui vient d'épouser Imran Khan, un champion de cricket pakistanais, et projette enfin un voyage au pays natal de son amant, pour y rencontrer les parents.

Cette agitation de femme amoureuse prend des allures de parade prénuptiale qu'Hasnat observe avec une certaine circonspection. La question du mariage a bien été évoquée entre les deux amants. Le chirurgien le reconnaîtra, après la mort de Diana, lors de sa déposition dans l'enquête de Scotland Yard. «C'était une idée ridicule, confiera-t-il, je ne voulais pas vivre constamment en surveillant mes arrières. »

Diana ne se décourage pas et prospecte tous les endroits où elle pourrait vivre plus tranquillement avec lui. Elle envisage l'Australie, l'Afrique du Sud, où s'est établi son frère. Et bien sûr le Pakistan où, sous prétexte de visiter un centre de cancérologie patronné par Imran Khan, elle prend secrètement contact avec la famille de Hasnat.

Enfin, pour parfaire cette prise en main de son futur bonheur, elle s'immisce dans la vie professionnelle de son cardiologue. Début 1996, elle fait le siège de son patron à l'hôpital Brompton, le professeur Magdi Yacoub, pour qu'on lui permette d'assister à une intervention chirurgicale. Elle parvient à ses fins en passant par le biais de la Fondation Yacoub, qui permet à des enfants déshérités de bénéficier d'une intervention en Grande-Bretagne.

Le professeur, assisté de Hasnat, pratique une opération à cœur ouvert sur un jeune patient camerounais. La séquence est filmée en direct par Sky News. Les images de Diana, en tenue de salle d'op, un masque chirurgical sur le visage, les yeux soigneusement maquillés, font le buzz.

Les organisations caritatives apprécient hautement l'impact médiatique que provoque la simple présence de Diana à leurs événements et multiplient les invitations. Ses choix, à cette époque, se concentrent clairement sur la cardiologie. À Rimini en Italie, alors qu'on décerne un prix humanitaire au Pr Christiaan Barnard, pionnier de la chirurgie cardiaque, elle en profite pour lui vanter le CV de Hasnat. À Sydney en Australie, elle inaugure de nouvelles installations de cardiologie du Victor Chang Institute où Hasnat Khan a débuté dans les années 90.

Ces intrusions commencent sérieusement à énerver le chirurgien. D'autant que la direction de son hôpital s'inquiète de la présence envahissante de la princesse, et n'a que modérément apprécié ses déclarations sur sa prétendue compassion envers les agonisants.

Diana poursuit néanmoins son idée de mariage et multiplie les confidences auprès de son entourage, voire les provocations. Le soir même de l'annonce officielle de son divorce, elle assiste à une réception de collecte de fonds à l'hôtel Dorchester en faveur des œuvres d'Imran Khan. Elle s'y rend vêtue en costume traditionnel pakistanais brodé de perles. Effet garanti.

Son idylle avec Hasnat est maintenant connue de trop de gens pour rester secrète. Pendant sa visite à Sydney, le *Sunday Mirror* décide de manger le morceau et publie un article titré « Lady Di : son nouvel amour. Comment elle est tombée amoureuse d'Hasnat Khan. » Diana dément dans un tabloïd concurrent, répondant avec indignation qu'il s'agit « d'un tissu de conneries. À se rouler par terre de rire ». Pour bien montrer la diversité de ses implications compassionnelles, elle s'envole en janvier pour le

Nigeria pour visiter un champ de mines et pose avec des enfants amputés.

En mai, elle repart au Pakistan avec Jemima Khan et rend visite aux parents d'Hasnat pour les convaincre de ses « bonnes intentions » matrimoniales. Jemima confiera plus tard à la journaliste Sarah Ellison de *Vanity Fair* qu'elle avait mis en garde son amie. « La hantise des mères pachtounes est que leur fils chéri parte en Grande-Bretagne, et revienne avec une femme anglaise. »

C'est la démarche de la dernière chance.

Le Pr Hasnat commence à se lasser de cette situation devenue ingérable. Il est suivi en permanence par des paparazzi à la recherche du scoop, et la victime d'une curiosité malsaine de la part de ses patients et du personnel hospitalier. Plus grave, la vie mouvementée qu'il mène depuis le début de sa liaison affecte la sérénité nécessaire à son délicat travail de chirurgien.

En outre, Diana, depuis qu'elle a signé les papiers du divorce, a renoué sensiblement avec les délices de la vie mondaine et les exigences d'une présence médiatique vitale à son équilibre. En dépit de ses efforts de normalisation, elle n'a jamais véritablement cessé d'être au centre de l'intérêt du public, et n'est pas prête à y renoncer.

Début juin, une photo d'elle flirtant dans une boîte de nuit avec le milliardaire indien d'origine pakistanaise Gulu Lalvani (68 ans) fait la une des journaux people. L'homme d'affaires l'invite à passer ses vacances dans l'une de ses propriétés en Thaïlande.

Est-ce cette photo qui donne des idées à Mohamed Al-Fayed ? Toujours est-il que le milliardaire égyptien (78 ans) l'invite à son tour, trois jours plus tard, à venir se reposer dans sa somptueuse maison de Saint-Tropez, la villa Sainte-Thérèse.

L'astucieux homme d'affaires, propriétaire du Ritz à Paris, des magasins Harrods et de l'équipe du Fulham Football Club à Londres, s'apprête à tisser de fils d'or les rets dans lesquels va tomber la jeune divorcée la plus célèbre de la planète.

Diana est enchantée de son séjour dans cette villa cossue où elle est reçue comme une reine et traitée en princesse par un personnel aux petits soins. Lorsque Mohamed lui propose de revenir passer les vacances de juillet, avec ses deux fils, dans ce décor somptueux et sécurisé, situé en bord de mer dans les Parcs de Saint-Tropez, elle accepte aussitôt. Ravie de pouvoir rivaliser, aux yeux de ses petits princes, avec les fastes de Balmoral. La Méditerranée en plus.

Maintenant libre et indépendante, elle se débarrasse de son surplus de bagages dans une vente aux enchères mémorable chez Christie's à New York : deux millions de livres – reversés à des œuvres charitables – pour 79 robes d'apparat dont elle n'a plus l'usage. Ultime pied de nez à la Couronne, qui les lui avait offertes.

En ce 1er juillet 1997, Diana fête ses 36 ans. Elle a compris que Hasnat ne l'épouserait pas. Elle est à nouveau seule mais riche, célèbre, et convoitée. Elle est aussi mère de deux beaux enfants à l'avenir assuré.

« Que voulez-vous de plus ? » dirait Camilla.

Une légende à la Jackie Kennedy-Onassis ? *Why not ?*

Chapitre 3

Le fracas des tôles tordues résonne sous la voûte du tunnel, s'enroule entre les piliers, rebondissant contre les murs de béton, puis s'éloigne en grondant comme un orage qui passe. Un grand silence lui succède, d'où émergent peu à peu les mille bruits un instant suspendus. La plainte aiguë d'un klaxon bloqué, le crissement des pneus sur l'asphalte, la protestation des freins maltraités, avec en fond, le ronronnement familier de la circulation qui se réveille. Dans la brume lourde des gaz d'échappements et des fumées de vulcanisation, percent l'odeur âcre de l'acier surchauffé et les émanations acides des étincelles.

« On vient d'entendre le bruit d'un accident sous le tunnel !

— Oui, un bruit horrible, comme une bombe ! Doit y avoir du dégât. »

Le gardien de la paix Lino Gagliardone et son

coéquipier, Sébastien Dorzée de la « Brigade Îlot Nuit », patrouillent dans le 8ᵉ arrondissement lorsqu'ils sont hélés par un petit groupe de passants très agités. À bord d'une voiture pie, ils roulaient paisiblement cours Albert-Iᵉʳ, une allée qui surplombe la voie rapide, en direction de la place de l'Alma.

Dorzée écoute les explications par la vitre ouverte et se tourne vers son équipier.

« Il se passe quelque chose sous le tunnel. Fonce ! »

Gagliardone enclenche le gyrophare, hésite à brancher la sirène et accélère. La voiture de police emprunte une dizaine de mètres plus loin la bretelle qui mène sur la voie rapide et s'engouffre sous le tunnel de l'Alma.

Le spectacle que les deux gardiens de la paix découvrent alors fera l'objet d'un rapport à l'intention de leur supérieur, le commissaire de la voie publique du 8ᵉ arrondissement de Paris.

Dans la plus grande confusion, une vingtaine de personnes s'agitent autour d'une voiture accidentée, et autant de véhicules sont arrêtés sur la chaussée de part et d'autre de la glissière de sécurité. Tableau classique d'un accident de la circulation. Il s'agit, note le brigadier, « d'un véhicule Mercedes immatriculé 688 LTV 75 dont l'avant est très endommagé, qui se trouve en travers de la chaussée en sens inverse de la circulation ». Il constate, stupéfait, le comportement inhabituel et choquant d'un groupe de «photographes qui mitraillent le côté arrière droit du véhicule dont la portière est ouverte».

Le gardien Gagliardone place son véhicule en protection en travers du tunnel et appelle l'état-major de la brigade de nuit, en jetant un coup d'œil à sa montre. 0 h 30.

«Ici, TV India Alpha, pour TN08, grave accident sous le tunnel de l'Alma. Je répète: grave accident, envoyez d'urgence les pompiers!»

Un homme se penche alors vers lui et lance, très excité.

«C'est la princesse Diana dans la voiture!»

Le policier reprend son micro et signale «qu'une personnalité serait impliquée dans l'accident».

Apercevant son collègue, visiblement débordé, il relance immédiatement les secours et demande des renforts de police.

Sur la chaussée, le gardien Sébastien Dorzée, seul, ne parvient pas à contrôler la situation. Son témoignage va transformer la nature de cet accident de la circulation, et amorcer une polémique dévastatrice. Il tente, dans un premier temps, d'écarter les photographes qui lui opposent une résistance virulente tout en continuant de prendre des photos, «l'empêchant volontairement de porter secours à la victime». L'un d'eux lui lance: «Vous me faites chier, laissez-moi faire mon travail. À Sarajevo, les flics nous laissent travailler, vous n'avez qu'à vous faire tirer dessus et vous verrez.» Phrase malheureuse qui va indigner l'opinion publique et la dresser, pendant des années, contre les paparazzi.

La confusion est totale autour de l'épave : des voitures s'arrêtent sur les deux voies, des badauds s'agglutinent, les photographes « mitraillent » alors que le klaxon bloqué de la Mercedes hurle à la mort. Sous les flashes des appareils photo apparaissent des corps ensanglantés coincés dans la ferraille.

Les deux policiers tentent de s'interposer.

Au milieu des cris et des bousculades, un seul nom parcourt la petite foule des curieux : « Diana ». Ils se pressent sous la voûte enfumée pour ne rien perdre de cette scène glauque, éclairée par des néons, ponctuée d'éclats aveuglants, où le girophare projette avec régularité sa sinistre lueur bleue.

Au loin, on entend le « pin-pon » d'un car de police secours, et puis la sirène grave des pompiers. Ces sons familiers soulagent les deux gardiens de la paix et provoquent des réactions dans la foule. Une partie des automobilistes rejoignent leur véhicule, imités par quelques photographes qui s'éloignent en rembobinant précipitamment leurs films.

Le véhicule arrivé le premier sur les lieux appartient à la BAC 75N, la brigade de nuit anti-criminalité, il est suivi par les pompiers. Tandis que les policiers écartent les photographes et badauds, les sapeurs-pompiers prodiguent les premiers soins tout en évaluant la situation. Dorzée est chargé de maintenir éveillée la passagère en lui parlant et en lui tapotant la joue, Gagliardone de maintenir la tête du passager avant droit, inconscient mais toujours vivant.

Le lieutenant de police Bruno Bouaziz, qui commande la brigade de nuit, est de permanence ce soir-là. Il a été informé de l'appel de TV India Alpha à 0 h 30, signalant un grave accident impliquant une personnalité. Il a aussitôt dirigé plusieurs véhicules de la BAC 75N vers l'Alma, avant de sauter dans une voiture.

En arrivant sur place, Bouaziz évalue d'un coup d'œil la situation. Les secours s'activent autour de la Mercedes accidentée. Les pompiers n'ont extrait qu'une seule victime, un homme, qu'ils ont allongé sur la chaussée et tentent de réanimer en lui faisant un massage cardiaque.

Il remarque également à proximité de l'accident, à hauteur du onzième pilier, un scooter Piaggio noir, qu'il suppose abandonné par un des photographes. La clef est encore sur le contact et un casque est accroché au guidon. Une moto Suzuki 600 RS, immatriculée dans l'Aisne, est béquillée à l'entrée du tunnel sous un réverbère.

Décidé à mettre un peu d'ordre, l'officier fait tout d'abord reculer les témoins et les photographes avant de les regrouper derrière un périmètre de sécurité.

Sur les faits, il lui apparaît clairement que la Mercedes a heurté violemment, de face, le treizième pilier central qui soutient la voûte du tunnel, avant d'être projetée en pivotant, de l'autre côté de la chaussée contre le mur du tunnel. C'est en percutant tout aussi violemment cet obstacle que la course de la voiture a été stoppée net. Il interroge brièvement les deux gardiens de la paix, premiers arrivés sur les lieux. Leurs témoignages indignés sur la conduite des photographes vont déterminer les premières interpellations. Certains témoins leur ont en effet rapporté que « la voiture de la princesse roulait à très vive allure poursuivie par des photographes sur des deux-roues ». D'autres auraient vu une Ford Mondeo ralentir la Mercedes, « afin que des photographes montés sur des motos puissent prendre des clichés. Le conducteur, pour leur échapper, aurait déboîté à l'entrée du souterrain, et perdu le contrôle du véhicule ».

Les téléphones se mettent à sonner dans tous les lieux dépositaires de l'autorité de la République. Depuis la base de la hiérarchie policière, judiciaire et politique française, jusqu'aux sommets de l'État occupés par le président et son Premier ministre en pleine période de cohabitation. À l'Élysée, le fonctionnaire de permanence « s'abstient » de réveiller Jacques Chirac ; en revanche Lionel Jospin, prévenu alors qu'il se trouve en déplacement à la Rochelle, décide de rentrer aussitôt à l'hôtel Matignon.

Sous le tunnel de l'Alma, c'est bientôt l'affluence des grandes nuits. Le préfet de police Philippe Massoni ainsi que Patrick Riou, le directeur de la police judiciaire, sont les premiers à débarquer. Le substitut du procureur de la République, Maud

Coujard, s'y fait conduire à moto. Les fonctionnaires de différents ministères s'agitent, le portable à la main. Dans les rédactions, l'information bouleverse aussi cette tranquille soirée d'août. Tout le monde a pris conscience de l'importance de l'événement et s'efforce d'en déterminer les conséquences. Personne en revanche n'est en mesure d'en évaluer l'impact et les répercussions qu'il va provoquer dans le monde entier.

Les autorités françaises, placées face à cet événement exceptionnel, se doivent de montrer à la fois leur maîtrise de la situation, comme leur détermination à établir de manière incontestable toutes les responsabilités. À l'évidence, une enquête judiciaire s'impose, dont les résultats doivent être indiscutables. La notoriété planétaire de la princesse de Galles et ses liens organiques avec la monarchie britannique dépassent les péripéties romanesques de sa liaison avec le fils d'un milliardaire égyptien. On peut redouter les pires dérives, que l'implication supposée des photographes rend probables. La mort de Dodi Al-Fayed, mais surtout la situation critique de Diana – s'il s'avérait qu'ils étaient pourchassés par les photographes –, tourneraient à l'affaire d'État.

Le procureur de la République, en liaison avec le ministre de l'Intérieur Jean-Pierre Chevènement, tombent d'accord pour confier l'enquête à la brigade criminelle dirigée par le commissaire division-naire Martine Monteil. Ce choix tient compte de la nature même de la brigade, police scientifique et de terrain, mais aussi de la réputation dont elle jouit à l'étranger, y compris – et ce n'est pas anodin – auprès de Scotland Yard. La rigueur et la qualité des enquêteurs de la Crim' sont la meilleure garantie que l'enquête ira sérieusement au fond des choses.

Il est 1 h 30 du matin lorsque deux ambulances du Samu Necker emportent vers l'hôpital de la Salpêtrière la princesse Diana et son garde du corps Trevor Rees-Jones, qui se trouvait à la place avant du véhicule. Les corps du chauffeur M. Henri Paul, mort sur le coup, et de Dodi Al-Fayed sont placés sur des brancards et conduits dans un car de police secours à l'Institut médico-légal, quai de la Rapée.

Martine Monteil est saisie de l'affaire, à 2 heures du matin, par le substitut du procureur de la République. La Crim' au grand complet arrive aussitôt sur les lieux. Les services de l'Identité judiciaire et la brigade centrale des accidents s'activent, ils relèvent minutieusement les plans de l'accident, marquent et photographient les indices. Les enquêteurs interrogent les policiers et les témoins retenus sur place et prennent les premières mesures conservatoires. La patronne Martine Monteil signe son procès-verbal en le datant du 31 août à 2 heures 00.

Elle y reprend en substance tous les éléments des différents témoignages, et la thèse selon laquelle «le chauffeur étant suivi et gêné par des véhicules de journalistes l'ayant pris en chasse, le conducteur devant perdre le contrôle de son véhicule ne pouvait en récupérer la maîtrise». Ce comportement

« criminel » justifiant d'ailleurs juridiquement la
saisine de sa brigade. Elle y ajoute le délit – celui-ci
malheureusement avéré – de non-assistance à personne en danger. Pointant les témoignages concor-
dants sur la danse indigne des paparazzi autour de la
Mercedes.

Six photographes et un motard de presse – qui
ne se sont pas enfuis à l'arrivée des renforts de
police – ont été « maintenus sur place », dépouillés
de leurs appareils photo, sacs et pellicules. Quarante
minutes après l'accident, le commissaire Bonnefond
de la PJ les place en garde à vue, et procède à leur
interpellation. Ils sont aussitôt menottés et embarqués dans un car de police secours, direction les
locaux de 1re DPJ, pour y être auditionnés. Il s'agit
de Christian Martinez (agence Angeli), Romuald
Rat (agence Gamma), Jacques Langevin (agence
Sygma), Serge Arnal (agence Steel Press), Laslo
Veres (indépendant) et de Nicolas Arsov (Sipa).
Stéphane Darmon, motard de l'agence Gamma, est
lui aussi interpellé, avec son passager, Romuald Rat.
Toutes les principales agences photo françaises sont
compromises, y compris les plus prestigieuses, ce qui
va dangereusement orienter la vindicte populaire.

Quant aux quatre témoins encore présents
sur les lieux, ils ont déjà été emmenés pour audition à la 1re DPJ au 46 boulevard Bessières dans le
17e arrondissement.

Dans le souterrain de l'Alma, les « autorités » ont
laissé la place aux policiers de l'Identité judiciaire,

qui explorent la « zone de crime », largement piétinée par la petite foule qui s'y pressait depuis minuit. Ils ont installé des projecteurs et auscultent méthodiquement chaque centimètre de bitume, comme s'ils lisaient un grand livre écrit en caractères étranges.

Les traces fraîches de freinage – qui démarrent un peu après l'entrée du tunnel – révèlent la course folle de la Mercedes jusqu'au 13e pilier, aussi sûrement que si elles avaient été imprimées dans la neige. Puis, les doubles arabesques retracent la trajectoire de la voiture, pivotant pour s'écraser sur le mur opposé. Un des « experts » habillé de blanc recueille des éclats de plastique coloré et de bakélite qu'il place soigneusement dans un sachet transparent. Un autre technicien de l'IJ photographie des pièces qui se sont détachées du véhicule au moment du choc, avant de les étiqueter : « bloc optique gauche » ; « miroir rétroviseur extérieur » ; « parabole phare droit ». D'autres recueillent des parcelles de peinture blanche sur le côté gauche de la carrosserie, qui révèlent des traces de frottement avec un autre véhicule. Leur travail est à peine interrompu un peu avant 5 heures lorsqu'un de leurs collègues, au volant d'un véhicule de police, lance à la cantonade : « Elle est morte ! Ils viennent de l'annoncer à la radio. C'est officiel ! »

Alors que le capitaine de la brigade criminelle, Christophe Boucharin, s'apprête à partir pour constater judiciairement le décès à l'hôpital de la Pitié-Salpêtrière, il est interpellé par un de ses hommes qui agite un grand sac plastique.

— Capitaine, voilà ce que nous avons trouvé dans la voiture et ce que nous ont remis les pompiers. Qu'est-ce que j'en fais ?

À l'intérieur du sac, un bric-à-brac d'objets, de bijoux, une paire d'escarpins et des téléphones portables. Le capitaine décide de procéder à l'enregistrement sur place. Il note dans son procès-verbal cet émouvant inventaire à la Prévert, vestige des vies brisées.

- 1 montre de marque JAEGER-LECOULTRE, en métal doré, avec cadran serti de pierres blanches.
- 1 bracelet cassé à 6 rangs de perles blanches avec fermoir en forme de dragon, constitué de brillants.
- 1 bague articulée en métal doré et pierres blanches serties.
- 1 boucle d'oreille en métal doré.
- 1 paire de chaussures, escarpins, bout pointu, de couleur noire, de marque VERSACE, taille 40.
- 1 ceinture femme, en cuir, noire, de marque RALPH LAUREN de taille 30, présentant des détériorations.
- 1 téléphone portable de marque MOTOROLA de type StarTac. L'appareil contient une carte téléphonique.

L'ensemble de ces effets semblant appartenir à la princesse de Galles.

- 1 montre de marque CARTIER, rectangulaire, en métal blanc à cadran fenêtre avec bracelet de couleur grenat, type crocodile.
- 1 boîtier montre de marque CITIZEN ne fonctionnant pas, bloquée sur 12 heures ou 0 heures. Dépourvue de bracelet.
- 1 boîtier montre-chronographe de marque BREITLING en état de fonctionnement. Dépourvue de bracelet.
- 1 bracelet articulé en métal blanc, supportant sur son fermoir la marque BREITLING.
- 1 étui à cigares de couleur fauve de marque SAVINELLI contenant un cigare sans bague.
- 1 coupe-cigares en métal doré de marque ASPREY.
- 1 « beeper » de marque HUTCHINSON télécoms.
- 1 répertoire téléphonique, type « organizer », couverture cuir noir, contenant des adresses en Grande-Bretagne. Se trouve présent un reçu de carte Visa au nom de M. TREVOR REES-JONES.
- 1 briquet Bic bleu.
- 1 trousseau de six clés avec porte-clés Canal+.

L'ensemble de ces éléments fera l'objet de restitution ultérieure après identification du détendeur.

Dans le tunnel, alors que le soleil se lève, les techniciens de la police parisienne embarquent trois motocyclettes et un scooter dans un fourgon, tandis que des dépanneuses remorquent deux voitures, une Volkswagen et une Fiat appartenant à des photographes. À l'aide d'une petite grue, les

services techniques déposent la carcasse bâchée de
la Mercedes sur le plateau d'un gros camion, pour
l'entreposer au garage nord de la préfecture de
police, boulevard Macdonald. Les services de voi-
rie s'impatientent sur la voie rapide. En quelques
minutes, les grosses balayeuses ont nettoyé la chaussée de toute trace de l'accident.

Le lieutenant Bruno Bouaziz, commandant la brigade de nuit, regarde sa montre, il est 5 h 25. Il fait
signe à ses hommes de lever le barrage. Le souterrain de la place de l'Alma est rendu à la circulation.

Aussitôt, les cameramen de télévisions du monde
entier, qui affluent depuis le milieu de la nuit, se précipitent dans le tunnel. Frustrés de n'avoir pu filmer que
des images lointaines – qui défilent en boucle sur tous
les écrans – ils se rabattent sur le seul indice encore
visible : un impact dans le béton du pilier 13. Dérisoire
stigmate d'un drame qui a coûté la vie à la princesse
Diana, à son amant, Dodi Al-Fayed, et à leur chauffeur,
dont le nom va bientôt devenir tristement célèbre,
Henri Paul.

Chapitre 4

L'ambulance du Samu, précédée par des motards, s'avance à petite vitesse en direction de l'hôpital de la Pitié-Salpêtrière. La princesse Diana, choquée, a beaucoup de mal à respirer, sa tension est très basse. Les deux médecins urgentistes, les Dr Arnaud Derossi et Jean-Marc Martineau, suivent scrupuleusement la procédure d'aide médicale d'urgence consacrée, en France, par des années de pratique. Le Samu privilégie les soins sans brusquerie (*stay and play*) à bord de véhicules dotés d'un équipement de réanimation high-tech, et de la présence d'une équipe médicale spécialement formée. À l'opposé du *scoop and run* des pays anglo-saxons – popularisés par les séries américaines – qui consiste à transporter les blessés le plus rapidement possible sous la surveillance de brancardiers, dont l'expérience supplée souvent à la formation.

Les médecins qui prennent en charge leur

patiente à 0 h 40 vont tout d'abord stabiliser sa tension et sa respiration, avant de l'extirper précautionneusement de la carcasse. La princesse est alors à demi consciente et souffre apparemment d'un bras cassé. Néanmoins les urgentistes, familiarisés avec les accidents de circulation, redoutent des complications internes. À juste titre. À peine est-elle placée dans l'ambulance que son cœur s'arrête de battre.

Le début d'une longue et pénible bataille pour amener Diana, en vie, jusqu'à l'hôpital où l'attend le staff de réanimation et de chirurgie cardiaque du Dr Bruno Riou. En liaison radio permanente avec l'ambulance, l'équipe suit avec appréhension la lente progression du convoi. À 2 heures du matin, sur le pont d'Austerlitz, nouvel arrêt cardiaque à la suite d'une fibrillation auriculaire. Les médecins font stopper l'ambulance pour pratiquer une délicate injection d'atropine, directement dans le muscle cardiaque au moyen d'une longue aiguille, fine comme un cheveu. Le cœur repart faiblement. Le convoi peut redémarrer, et pénètre, au pas, quelques minutes plus tard, dans l'enceinte de l'hôpital de la Pitié-Salpêtrière.

La patiente, malgré la gravité de son état, est toujours en vie.

Les portes du service des Urgences du pavillon Cordier sont grandes ouvertes dans la tiédeur de la nuit. Une poignée d'infirmières, de brancardiers, et d'officiels protégés par un cordon de policiers attend sans un mot dans l'allée. Au sous-sol, dans le bloc opératoire, le Dr Bruno Riou, de permanence ce soir-là au service d'anesthésiologie et de réanimation, a déjà revêtu son costume stérile. Le brancard est poussé jusque dans la salle d'examen sans fébrilité et le médecin dévoile la poitrine de la jeune femme pour la radioscopie. Les radios confirment qu'une hémorragie interne massive comprime le cœur et le poumon droit. Aux côtés du Dr Riou, le chef des urgences médicales, le Pr Jean-Pierre Bénazet ainsi que le chirurgien de garde, le Dr Moncef Dahman. L'équipe va se renforcer au fil des minutes avec l'arrivée de l'un des plus grands spécialistes de chirurgie cardio-vasculaire, le Pr Alain Pavie, et du chef du service d'anesthésiologie, le Pr Pierre Coriat.

Pendant près de trois heures, l'une des meilleures équipes médicales françaises va tenter d'arracher Diana Frances Spencer à la mort.

Des techniciens des télécoms ouvrent des lignes directes, des gardes républicains se postent devant le pavillon Cordier et à tous les étages. Jean-Pierre Chevènement, le ministre de l'Intérieur du gouvernement Jospin et son équipe se sont installés au premier étage dans la salle de garde des internes. Le ministre est accouru en pleine nuit, en veste légère, polo et sans cravate. Il envoie son chauffeur chercher un costume et organise sur place un PC de crise.

Il est rejoint par le préfet de police, Philippe Massoni, qui arrive avec les tout derniers éléments de l'enquête. Tiré de son lit deux heures plus tôt par un coup de téléphone du Centre de commandement de la préfecture de police, Massoni est arrivé le premier sous le tunnel vers minuit quarante. Cet ancien officier des services de renseignement français est enclin, de par sa formation, à envisager toutes les hypothèses, y compris celle d'un attentat.

Les deux hommes font le point de la situation. L'accident a fait deux morts sur le coup : Dodi Al-Fayed, le compagnon de la princesse, ainsi que le chauffeur du véhicule. Un troisième homme, vraisemblablement un garde du corps, est grièvement blessé. Bien que l'hypothèse d'un accident de la circulation semble la plus probable, il suggère néanmoins au ministre qu'étant donné la personnalité des victimes, il faut s'attendre à toutes les spéculations. Il confirme qu'en accord avec le Parquet, l'enquête a été confiée à la brigade criminelle, le service de police judiciaire le mieux adapté à cette situation. D'autant que des témoignages mettent en cause, de façon insistante, la responsabilité des paparazzi, qui ont pris des clichés juste après l'accident.

Il signale également que la princesse était consciente lorsqu'elle a reçu les premiers soins d'un médecin qui passait là, par hasard. Il s'est retiré lorsque les véhicules des pompiers et du Samu sont arrivés. On ne connaît pas son identité et il est recherché comme témoin.

Diana a été transportée dans le bloc opératoire au sous-sol du pavillon Cordier. Au vu des radiographies, le Dr Riou et le chirurgien de garde, le Dr Dahman, jugent qu'il est vital de pomper le sang qui a envahi sa cage thoracique. La première incision est pratiquée sur la poitrine de la princesse Diana, juste sous le pli des seins. Les chirurgiens qui se penchent sur la plaie béante constatent aussitôt l'ampleur des dégâts. La violence du choc lors de l'accident a occasionné un enfoncement thoracique latéral, rompant les vaisseaux sanguins et broyant les organes. Le sang s'échappe, à chaque battement du cœur, d'une vilaine plaie à la veine pulmonaire, emplissant petit à petit la cage thoracique et comprimant les poumons. L'hémorragie interne a presque totalement vidé l'organisme de son sang.

Le sang noir et les caillots sont aspirés de la cavité thoracique où les poumons bleutés par le manque d'oxygène se gonflent uniquement sous l'action d'une machine. On transfuse du plasma par poches entières.

Le Pr Pavie est arrivé au bloc. Il décide d'élargir l'incision et pratique une thoracotomie transversale, d'environ 60 centimètres, qui se prolonge sous l'aisselle gauche de la jeune femme. L'équipe s'affaire, dans un silence rythmé par le bruit du respirateur et des pompes, brisé seulement par les ordres brefs des chirurgiens, auxquels répondent en écho les trois infirmières du bloc. Le Pr Pavie recoud la blessure de la veine pulmonaire, étanchant le plus grave de l'hémorragie, tandis que l'autre chirurgien clampe les vaisseaux endommagés. Malgré les efforts des réanimateurs, le cœur meurtri de la princesse refuse de repartir. Ils déploient alors tout l'arsenal de leur art, tentent plusieurs défibrillations ; l'injection de substances stimulantes... En vain.

Alors, en désespoir de cause, ils entament un massage direct du muscle, qui s'est déplacé sous la violence du choc.

Les tentatives de réanimation vont durer près de deux heures.

L'ambassadeur de Sa Gracieuse Majesté, Sir Michael Jay, en compagnie de son épouse et du consul général de Grande-Bretagne, se présente à la Salpêtrière. Il est aussitôt conduit au PC de crise où il est accueilli par Jean-Pierre Chevènement. Une heure auparavant, l'ambassadeur a été prévenu de l'accident par un coup de fil laconique du ministère de l'Intérieur. Il a aussitôt téléphoné en Écosse, au château de Balmoral, résidence d'été de la reine, où elle se trouve avec le prince Philip, le prince Charles et ses deux fils William et Harry. Le diplomate a fait part à Sir Robin Janvrin, l'assistant du secrétaire privé de la reine, des rares informations qu'il détient. On lui a assuré que la princesse Diana ne souffre que d'un bras cassé et qu'un témoin l'a vue debout et marchant, sans aide, juste après la collision.

Le prince Charles, réveillé par Robin Janvrin, appelle alors successivement les deux femmes les plus importantes de sa vie. Tout d'abord Camilla, avec qui il converse brièvement. Puis il se résigne à prévenir la reine Élisabeth. À qui on prête cette réplique cinglante, vestige certainement des années de guerre où elle servait comme mécanicienne dans l'armée : «Quelqu'un a dû graisser ses freins !» On n'ose imaginer quelle fut la réaction du prince Philip !

William, qui vient de fêter ses 15 ans, et Harry, qui s'apprête à célébrer l'anniversaire de ses 13 ans, se sont couchés très fatigués après une longue journée à la campagne. Leur père renonce à les réveiller tant qu'il n'a pas de nouvelles plus précises.

Le prince Charles, incapable de se rendormir, s'habille et passe dans son salon privé. Il y est rejoint quelques minutes plus tard par Sir Robert Fellowes, le secrétaire privé de la reine, qui est aussi le beau-frère de Diana. Il est 2 heures du matin – 3 heures à Paris –, les deux hommes veillent ensemble, un œil sur la télévision et l'oreille collée au téléphone. Charles sait maintenant que l'accident est beaucoup plus grave qu'on ne le supposait, et que la mère de ses enfants lutte contre la mort.

Dans le bloc opératoire, tout le monde a compris.

Les appareils luminescents affichent obstinément la même courbe plate et les médecins qui surveillent la tension et la respiration artificielle tournent un même regard vers le Pr Pavie. D'un simple geste de la tête, il acquiesce. L'anesthésiste éteint le respirateur qui maintenait artificiellement une apparence de vie, puis un par un, tous les appareils de contrôle. La tension qui maintenait l'équipe sous pression depuis des heures s'effondre d'un coup.

Tous jettent un coup d'œil à l'horloge fixée sur le mur. Il est 4 heures.

Avec douceur et tendresse, les infirmières débarrassent le corps inerte de feu Diana Spencer des accessoires, aiguilles et tubes qui la reliaient à la vie. Le Dr Riou s'avance vers la table et recoud la longue cicatrice qui traverse la poitrine de la jeune femme. Puis, il jette ses gants dans un haricot posé sur la table aux instruments et lance un dernier regard au visage tourmenté de sa patiente.

À l'étage, le PC de crise ressemble à une salle de marchés. Le ministre de l'Intérieur est pendu à son téléphone sécurisé. À ses côtés, aidé de son épouse qui lui dicte les numéros de téléphone, l'ambassadeur britannique tente de joindre le Premier ministre et la famille de la princesse Diana : ses deux sœurs Lady Jane Fellowes, en vacances dans le Norfolk, et Lady Sarah McCorquodale dans le Lincolnshire, ainsi que son frère, le comte Spencer, qui habite en Afrique du Sud. Aucune information ne filtre de la salle d'opération, et l'ambassadeur se retrouve devant la pénible situation d'être bombardé de questions dont il ne connaît pas les réponses.

Jean-Pierre Chevènement, accompagné du préfet de police, s'éclipse sur un signe de son officier de sécurité. Il est conduit jusqu'au sous-sol, dans l'antichambre de la salle d'opération. Le Dr Riou et le Pr Pavie sont en train de se débarrasser de leurs tenues. Ils s'avancent vers le ministre, qui a compris, à leur mine fermée, que malgré tous leurs efforts la princesse Diana n'a pas survécu.

Chevènement, grave, écoute leurs explications, tandis que son esprit tente déjà de calculer quelles vont être les implications immédiates de cette issue dramatique.

Il leur propose de l'accompagner à l'étage pour prévenir officiellement l'ambassadeur britannique. «Je compte sur votre discrétion jusqu'à ce que les autorités françaises et britanniques soient averties.» Les deux chirurgiens acceptent, tout en ne se faisant aucune illusion. À cette minute, la nouvelle est en train de faire le tour du pavillon Cordier, et bientôt de tout l'hôpital.

Le cortège qui s'avance, avec à sa tête le ministre de l'Intérieur, a tellement funeste allure qu'un membre de la délégation britannique s'évanouit à sa vue. Jean-Pierre Chevènement annonce solennellement le décès de la princesse de Galles à Sir Michael Jay et à son épouse et leur présente ses condoléances et celles du gouvernement français.

Au même moment, un coup de téléphone en provenance de Balmoral parvient à la Pitié-Salpêtrière. Le secrétaire particulier de la reine, Sir Robert Fellowes, avec à ses côtés le prince Charles, est au bout du fil. Le consul général de Grande-Bretagne lui annonce, la gorge serrée, que tout est fini. La princesse vient de succomber à ses blessures sur la table d'opération.

Dans le sous-sol du pavillon Cordier, la dépouille de Diana repose maintenant sur un brancard placé dans la salle de réveil du bloc opératoire. Elle est simplement recouverte d'un drap blanc à liseré vert de l'Assistance publique. Les infirmières ont procédé à sa toilette et arrangé ses cheveux pour lui redonner une apparence décente avant l'arrivée du médecin légiste. Ses traits, bien que creusés par la souffrance et débarrassés du maquillage, sont empreints de cette douce impassibilité mortuaire qui donne à son visage une beauté diaphane à peine relevée du bleuté de ses lèvres.

L'examen du corps de Diana a été confié par le Parquet à la directrice de l'Institut médico-légal, le Pr Dominique Lecomte. Le commandant de police Jean-Claude Mulès assistera à l'examen : la patronne de la Crim' vient de lui confier le Cabinet de procédure qui collationne tous les actes de l'enquête policière.

L'examen du corps ne prend qu'une quinzaine de minutes. Le Pr Lecomte a déjà recueilli les rapports de ses collègues de la salle d'opération, et se contente de relever soigneusement les multiples plaies qui couturent le corps martyrisé. Elle note ses observations à la main sur un formulaire et un croquis standard.

En substance, des blessures superficielles et des contusions, une fracture de l'avant-bras et une coupure sur le front. Toutes ces commotions situées sur le côté droit du corps. En outre, elle constate un «enfoncement thoracique massif», ce qui lui permet de conclure à une mort «par hémorragie interne due à l'enfoncement thoracique et ce phénomène de décélération qui a entraîné une rupture du péricarde[1] et une plaie de la veine pulmonaire gauche, chirurgicalement opérée».

Le Pr Dominique Lecomte annexe à son rapport une planche de croquis où sont reportés sur une silhouette féminine, de face et de dos, les traumatismes subis par la princesse. L'expert ajoute, en bas du croquis: «sujet exsangue». Puis, elle remet son rapport signé au commandant Mulès, qui le joint aussitôt à la procédure. Il est 5 h 45.

Une dépêche de l'Agence France-Presse annonce officiellement le décès de la princesse Diana.

Au château de Balmoral, il est 3 h 15 GMT. Le prince Charles a reçu l'annonce du décès de son ex-épouse comme un uppercut, qui le laisse désemparé.

Tout au long des heures de veille, il avait refusé d'envisager le pire, se fiant aux rares et lénifiantes informations fournies à son réveil. Les coups de téléphone passés à différents contacts – y compris au secrétaire particulier de Diana – trouvaient la même réponse. Personne ne savait rien et certains, réveillés en pleine nuit, avaient même appris l'événement de la bouche même du prince. La seule source fiable

---

1. Double membrane protectrice, entourant le muscle cardiaque.

restait l'ambassadeur qui faisait antichambre à la Pitié-Salpêtrière, et n'apportait que des explications aussi imprécises que diplomatiques.

Le prince Charles reprenant ses esprits, sa première pensée est pour ses deux fils qui dorment dans les étages. Il est 3 heures 30, en Écosse, et il serait cruel de les tirer du sommeil pour leur annoncer qu'ils viennent de perdre leur mère. En revanche, il sait que Camilla attend des nouvelles chez elle dans le Wiltshire, et qu'elle a déjà commencé à envisager les conséquences de cet accident sur leur avenir.

Charles est maintenant totalement lucide. Il lâche cette phrase désabusée qu'il répétera plus tard à son secrétaire particulier Stephen Lamport: «Le monde va devenir fou. Ils vont tous m'accuser[1]!» Il demande à Camilla de ne pas bouger de son cottage, lui dit qu'il va lui faire envoyer des policiers pour sa protection. «Et vous, qu'allez-vous faire?»

«Réfléchir», répond le prince.

Seul, dans la nuit, Charles descend dans les jardins de Balmoral et parcourt longuement les allées dallées, enfermé dans ses pensées. Une heure plus tard, alors que le jour commence à poindre, il retourne vers le château pour effectuer la tâche, vraisemblablement la plus déchirante de son existence, d'annoncer à deux enfants la mort de leur mère.

Dans le pavillon Cordier, les infirmières ont

---

1. Cité par Tina Brown dans sa biographie: *Diana. Chronique intime,* JC Lattès, 2007.

remonté le brancard jusque dans une chambre du premier étage, habituellement réservée aux «suites» d'opération.

La princesse Diana est allongée sur un lit, les bras plaqués contre son corps sous un drap. Sa tête dépasse, posée sur l'oreiller, les yeux clos. Les infirmières ont descendu les stores des fenêtres et installé un ventilateur dans un coin de la pièce. Le soleil est déjà levé et traverse la chambre de minuscules rayons dorés. Jean-Pierre Chevènement, accompagné de l'ambassadeur de Grande-Bretagne, se recueille sobrement devant la dépouille de celle qui, la veille encore, débarquait à l'aéroport du Bourget, bronzée et heureuse de passer quelques heures à Paris, avant de s'en retourner à Londres.

La nouvelle a fait aussitôt le tour du monde. Les Britanniques ont appris, en se levant, à la fois l'accident et le décès de la princesse. Les journalistes, dépêchés pendant la nuit, s'agglutinent aux abords de la Pitié-Salpêtrière dont les portes sont sévèrement gardées par les gardes mobiles. Des photographes et des télévisions françaises et étrangères s'installent boulevard de l'Hôpital, jusque sur les balcons d'immeubles. À la grille, les voitures officielles se mêlent, dans une belle pagaille, avec celles des visiteurs et du personnel des autres pavillons.

Les autorités françaises, par l'intermédiaire de l'ambassadeur Sir Jay et du cabinet du Premier ministre Tony Blair, ont pris contact avec la famille

Spencer. Les sœurs et le frère de la princesse demandent instamment à ce que son corps soit remis directement à la famille, et rapatrié en Grande-Bretagne. Lionel Jospin, qui vient de rentrer à Matignon, autorise ce transfert dès lors que les formalités administratives et judiciaires seront accomplies. La même autorisation est accordée au père de Dodi Al-Fayed, dont le corps a été transporté à l'Institut médico-légal, où le Pr Dominique Lecomte a pu procéder à son examen.

Le substitut Maud Coujard signe simultanément les deux autorisations d'inhumation qu'elle transmet au commandant Mulès chargé de les consigner. La déclaration de décès de Diana est transmise à l'officier d'état civil de la mairie du 13e arrondissement de Paris, qui le retranscrit curieusement ainsi :

Lady Diane Frances SPENCER
Princesse de Galles
née, le 01 juillet 1961 à Sandrigham
(Grande-Bretagne)
de The 8th. Earl SPENCER
de The Honourable Mrs. Frences SHAND-KYDD

Personne ne pouvant fournir les papiers d'identité, ce n'est que le lendemain, 1er septembre, que S.M. Taylor, vice-consul à l'ambassade de Grande-Bretagne, délivrera une attestation en tenant lieu.

Le commandant Mulès se charge aussi de réquisitionner les pompes funèbres et le directeur général de l'Assistance publique, pour autoriser le transport funéraire.

Grandeur et simplicité de l'administration française.

La reine Élisabeth s'apprête à déguster son kipper – hareng fumé dont elle est friande – lorsque le prince Charles vient la rejoindre pour le petit déjeuner. Élisabeth II a été mise au courant du décès de Diana tôt le matin par Sir Robert Fellowes, et s'inquiète des réactions de son fils et de ses petits-fils. Charles a mis à profit les réflexions de sa promenade solitaire pour lui faire part de sa décision. Il est résolu à partir à Paris, sur-le-champ, pour ramener à Londres le corps de la mère de ses enfants. Il souhaite qu'elle soit déposée dans la chapelle de Saint-James, la résidence royale historique, avant qu'on procède à des obsèques publiques. La reine, fidèle à la stricte observance des rites et coutumes qui règlent les manifestations de la monarchie, y est opposée. La princesse de Galles n'est plus Altesse Royale depuis son divorce, objecte-t-elle, en outre, Fellowes, son secrétaire particulier – marié à une sœur de Diana –, lui a fait part de la volonté de la famille Spencer qu'on leur remette le corps.

Charles sait qu'invoquer la simple commisération envers la mère de ses petits-fils serait vain. Aussi va-t-il agiter les risques politiques pour l'image de la famille royale. L'émotion, plaide-t-il, va être à la mesure de la popularité de Diana. Le public jaugera l'attitude du prince et de la royauté à l'aune de sa propre affliction. Un détachement trop ostensible ferait de lui un coupable tout désigné, et s'étendrait à une monarchie incapable de la moindre des compassions. Tout au contraire, réintégrer Diana dans la famille royale – dont elle n'a d'ailleurs jamais été exclue – serait la preuve, par le pardon, d'une monarchie à l'unisson de son peuple.

Les arguments du prince durent être assez convaincants pour que la reine revienne, malgré ses réticences, sur sa décision. Mieux, Charles est mandaté pour organiser les funérailles de la mère de ses enfants, en ménageant les intérêts de la monarchie. La reine l'autorise même à emprunter officiellement un avion de la Royal Air Force.

La perspicacité de Charles va se révéler payante. La dignité et l'émotion avec lesquelles il s'acquittera de cette mission seront saluées, y compris par ses détracteurs les plus féroces.

Chapitre 5

Les débuts de l'enquête policière démarrent – si
on peut dire – sur les chapeaux de roues. Toutes les
apparences montrent qu'il s'agit d'un malheureux
accident de la circulation dû à la vitesse excessive
d'une voiture dont le chauffeur a perdu le contrôle.
Seule originalité, les circonstances qui ont précédé
l'événement: la présence supposée de véhicules
appartenant à des photographes pourchassant les
passagers; gênant délibérément sa route; voire
éblouissant le conducteur avec leurs flashes.

Les quatre premiers témoins, maintenus sur
place, sont rapidement entendus – sans attendre la
création du pôle d'enquête de la brigade criminelle
– par les inspecteurs de la 1re DPJ.

Il en ressort qu'aucun n'a assisté à la collision.

Deux d'entre eux étaient accoudés à une ram-
barde au-dessus du tunnel, les deux autres sont
arrivés après. Leurs dépositions relèvent plus du

commentaire indigné par l'attitude des photographes autour de l'épave que du témoignage sur les événements qui ont précédé.

Pendant la journée et les semaines suivantes, plusieurs autres témoins vont se manifester, tous scrupuleusement interrogés. Leurs dépositions vont constituer près d'un quart du dossier judiciaire. La plupart se révéleront n'être que des redites, d'autres loufoques, ou même carrément délirantes. Seule une dizaine d'entre elles seront utiles à l'enquête.

Les policiers ont la lourde tâche de démêler dans ces récits la part du vécu et celle de l'interprétation. La lecture des pages de l'instruction reflète bien ce travail de bénédictin, qui consiste à recouper les témoignages et à les juxtaposer pour, à la manière d'un puzzle, reconstituer la scène originelle.

Il apparaît, peu à peu, que la plupart des témoins ont extrapolé. À partir du spectacle, indécent et bien réel, de photographes flashant l'épave de la Mercedes, ils ont déduit une scène imaginaire où ils décrivent avec conviction les mêmes photographes coursant la limousine. Comme des Apaches attaquant une diligence.

Cette vision va provoquer des ravages dans l'opinion publique.

Les policiers, qui travaillent à flux tendu, commencent à discerner quelques constantes parmi le fatras d'informations contradictoires dont ils sont bombardés. Tout d'abord la présence, quelques secondes avant le crash, d'une berline noire ou sombre, précédant immédiatement la Mercedes; et celle d'une moto de grosse cylindrée qui roulait derrière elle. Le pilote aurait évité adroitement une collision puis, après avoir ralenti quelques secondes devant la Mercedes accidenté, continué sa route.

Le mystère de ces deux véhicules va être en partie résolu avec le témoignage, dans l'après-midi, de Mohamed Medjahdi. Il est convoqué au Quai des Orfèvres, avec sa compagne, Souad Moufakkir. Le jeune homme, âgé de 23 ans, de nationalité algérienne, vit et travaille en France comme cariste. C'est en entendant, à la radio, l'annonce de la mort de Diana, qu'il a fait la relation avec l'accident dont il a été témoin.

Il circulait sur les quais de Seine, en direction du Trocadéro, raconte-t-il, entre minuit et demi et 1 heure du matin. Il roulait à droite, la circulation était fluide, mais assez dense. Alors qu'il vient d'emprunter le tunnel de l'Alma, il est alerté par un fort crissement de pneus derrière lui et regarde instinctivement dans son rétroviseur. Il aperçoit une Mercedes qui pénètre dans le bas du souterrain, presque en travers de la chaussée. «Elle arrivait très vite, au moins à 150 km/h.» La Mercedes glisse en crabe, l'avant dirigé vers la gauche. Il en a un souvenir précis: les phares éclairaient l'autre chaussée. Puis, la voiture semble se redresser et tout de suite après, il entend un grand bruit, voit voler un morceau de carrosserie, la voiture vient de heurter un pilier médian. Elle rebondit, puis est projetée vers le mur opposé. Il accélère. Sa voiture, une CX grise, aborde alors la partie remontante du tunnel, et lui cache la suite. Il affirme qu'aucun autre véhicule n'était intercalé entre la Mercedes et lui. «J'ai d'ailleurs eu très peur que cette voiture ne me heurte, et c'est pour cette raison que j'ai accéléré.» Il n'a que le souvenir d'une moto, montée par un couple, qui le dépasse au moment du crash.

Son témoignage est confirmé par son amie Souad, interrogée dans une autre pièce. En entendant le bruit du dérapage, elle se retourne et observe la scène par la vitre arrière. Leur véhicule se trouve alors à une trentaine de mètres et elle peut distinguer, de profil, le corps du chauffeur écrasé sur le volant. Très choquée, Souad n'a pas de souvenir de la moto, mais aperçoit des voitures contournant l'accident, avant que sa vue ne soit bouchée par la pente du souterrain.

Les témoignages de Mohamed et de sa compagne sont importants pour les enquêteurs. Tout d'abord, leur témoignage visuel confirme l'interprétation des traces laissées sur la chaussée. Ensuite, il semble indiquer que la moto, signalée par plusieurs personnes, ne pourchassait pas la Mercedes, puisque son conducteur a poursuivi sa route après l'avoir évitée. Les policiers espèrent que son propriétaire se manifestera par la suite[1]. Enfin, il gomme un doute soulevé par

---

1. En vain. Le conducteur ne se fera pas connaître. Ce qui permettra aux théoriciens du complot d'alimenter leurs

un autre témoin, Thierry Boura, qui, circulant sur la chaussée d'en face, a assisté lui aussi à une partie de l'accident. Il a entendu distinctement, avant le crash, le bruit d'une collision entre la Mercedes et un autre véhicule et cru, de bonne foi, que la limousine avait heurté la berline sombre qui la précédait.

L'inspecteur Gisbert inspecte lui-même la CX de Mohamed et constate sur PV que la carrosserie est intacte.

Pourtant, la Mercedes a bien heurté – ou été heurtée par – un autre véhicule avant de s'écraser sur le pilier. En témoignent des traces fraîches de peinture sur la carrosserie et sur le rétroviseur gauche arraché et tombé à l'entrée du tunnel. Mais cette peinture est blanche.

Étrangement, aucun témoin ne fait état d'une voiture blanche à proximité de la limousine, avant ou après l'accident.

Excepté un couple d'automobilistes.

Georges et Sabine Dauzonne se manifestent auprès de la Crim' pour signaler que, s'apprêtant à pénétrer sur la voie rapide par la bretelle – située *juste après* la sortie du tunnel –, ils ont été gênés par une Fiat Uno blanche. Le conducteur roulait au pas en regardant avec attention vers l'arrière, visiblement choqué par quelque chose. Cette scène

---

petites rubriques. Il est probable que le motard et sa passagère aient préféré s'abstenir de témoigner en raison du battage médiatique.

a lieu quelques secondes après l'accident, dont les Dauzonne ne savaient rien. Leur signalement – noyé parmi la foule des autres témoignages – n'est pas pris en considération. D'autant qu'ils n'ont pas assisté à la collision, et que personne ne recherche de voiture blanche pour le moment.

Les policiers de la Crim' s'intéressent aussi aux témoins qui ont tenté d'intervenir après l'accident. La plupart se sont contentés, comme en pareil cas, soit de prodiguer des paroles réconfortantes à l'homme blessé sur le siège avant, soit de contenir les photographes, soit, pour les plus téméraires, de tenter de débrancher la batterie. Mais tous signalent qu'un mystérieux médecin a prodigué les premiers soins à la princesse Diana, avant de quitter les lieux à l'arrivée des pompiers. Il faudra attendre plusieurs heures avant que le Dr Frédéric Mailliez se présente au Quai des Orfèvres.

Ce docteur en médecine de 36 ans exerce au sein de l'organisation SOS Médecins, qui emploie des généralistes. Sur un simple coup de téléphone, ils effectuent des visites à domicile. Le Dr Mailliez travaille également, depuis sept ans, pour le Samu 92, où il a reçu une formation d'urgentiste.

Cette nuit-là, Frédéric Mailliez rentre d'une soirée à bord de sa voiture de service. Alors qu'il roule, vers minuit et demi, sur les voies sur berges en direction de la Concorde, il aperçoit de l'autre côté de la chaussée une voiture accidentée, enveloppée d'une légère fumée.

Il arrête son véhicule, installe son gyrophare bleu sur le toit, saute les glissières et accourt vers le sinistre. Un simple coup d'œil lui permet de faire un cruel bilan de l'état des occupants de la Mercedes. « Dans la voiture, il y a quatre passagers, celui à l'avant droit m'a semblé avoir un trauma facial : il était incarcéré. Le chauffeur, je l'ai à peine aperçu : il était encastré dans la ferraille et je ne me suis fait aucune illusion sur son état. Le passager arrière était mort ; quant à l'autre passager, une jeune femme, elle me semblait la mieux en point. La porte étant ouverte, j'ai pu l'examiner. »

En se penchant sur la princesse Diana, Frédéric Mailliez ne voit qu'une jeune femme souffrante, et lui relève la tête pour qu'elle puisse respirer.

Il poursuit ainsi son témoignage devant le commandant Orea, chef du groupe chargé de l'enquête : « Je suis vite revenu à ma voiture pour chercher du matériel. J'ai appelé le "18". Ils étaient déjà prévenus, et je leur ai fait un premier bilan médical. Je suis revenu vers la voiture accidentée pour prodiguer les premiers soins. En l'occurrence, faciliter la respiration de cette jeune femme, que je n'avais pas identifiée. Elle était inconsciente, elle geignait. »

Le Dr Mailliez s'est muni d'un masque respiratoire, fixé à une petite bombonne d'oxygène, qu'il place sur son visage pour faciliter la ventilation et la maintenir en vie. Il est vraisemblable que sans son intervention, Diana serait morte avant l'arrivée des secours, étouffée par l'hémorragie interne qui compressait sa cage thoracique. Quand il est interrogé sur le comportement des photographes, le médecin relativise :

« Non, mon intervention n'a pas été, à proprement parler, gênée par la présence des paparazzi, ni par celle des badauds. Par contre il régnait dans la foule une certaine agitation. Les journalistes, eux, se focalisaient sur la prise de photos. J'ai protesté à plusieurs reprises, quand la présence des photographes était par trop gênante pour les victimes. C'était incongru et déplacé par rapport à l'événement. »

À l'arrivée des pompiers et du Samu, le Dr Mailliez se retire. « Je n'avais plus rien à faire, alors je suis parti. »

Que sont devenus les photographes invariablement mis en cause par tous les témoins ? Les sept hommes, interpellés sous le tunnel, ont passé le reste de la nuit à la 1re DPJ, avant d'être transférés dans la matinée dans les locaux de la Criminelle.

Alors qu'ils n'ont toujours pas été auditionnés, leur sort est déjà scellé.

À Londres, comme sur toute la planète, « une si juste et si sensible douleur » s'exprime spectaculairement. Alors que les grilles de Buckingham Palace commencent à se couvrir de fleurs, les télévisions du monde entier passent en boucle les images du tunnel de l'Alma devenu, pour un temps, le centre de l'affliction universelle.

L'une des premières personnalités françaises

à venir rendre hommage à la princesse fracas-
sée est Bernadette Chirac, l'épouse du président
de la République. Celui-ci est malheureusement
introuvable cette nuit-là ! Elle est bientôt suivie
par le Premier ministre, Lionel Jospin, et plusieurs
membres du gouvernement et de la délégation
diplomatique britannique.

En Grande-Bretagne, tous les yeux sont tour-
nés vers le drapeau qui flotte ordinairement sur
Buckingham Palace et les commentateurs se posent
gravement la question : la reine le mettra-t-elle en
berne ? Les réticences de la souveraine quant à l'al-
légeance de son ex-belle-fille sont si ancrées qu'il
faudra qu'une marée de fleurs menace d'emporter
les grilles de Buckingham pour qu'elle accepte
d'abaisser son étendard.

À l'autre bout du monde, Charles, le frère cadet
de Diana, 9e comte Spencer, va ouvrir les hostilités
en désignant les coupables. Depuis l'Afrique du Sud,
planté devant le portail de sa superbe propriété du
Cap, il délivre une redoutable diatribe devant la
presse internationale. Tout d'abord, il affirme qu'il
a été contraint, lui-même, de quitter la Grande-
Bretagne pour échapper à la presse populaire britannique. Puis, cet ancien journaliste se lance dans un
violent réquisitoire – qu'il vient de rédiger – contre
les photographes de la presse people, ainsi que ceux
qui les emploient ou les rémunèrent.

« J'ai toujours pensé que la presse finirait par la
tuer.

Mais j'étais loin d'imaginer qu'ils auraient une responsabilité aussi directe dans sa mort comme cela semble être le cas.

Apparemment, chacune des publications qui ont payé pour des photos indiscrètes de Diana, encourageant des individus cupides et sans scrupules à tout risquer pour obtenir une image de ma sœur, a aujourd'hui du sang sur les mains. »

Il est vrai que l'acharnement des photographes à « shooter » les victimes après l'accident – sans se préoccuper ni des morts ni des vivants – provoque un fort mouvement de dégoût et de révolte dans l'opinion.

Cette indignation légitime est néanmoins amplifiée et orientée par l'enquête parrallèle, menée sans précaution par la presse audiovisuelle. Dès le lendemain de l'accident, cette quête effrénée de témoignages, souvent farfelus et imaginaires, tournant en boucle sur les récepteurs du monde entier, va provoquer des dégâts.

La brigade criminelle prendra la peine de visionner et de vérifier tous ces récits, plus spectaculaires les uns que les autres, et d'en interroger leurs auteurs.

Il en est ainsi des époux Hunter, de Londres, qui se sont répandus, avec force détails, sur les ondes britanniques. Depuis la fenêtre de leur chambre à l'hôtel Royal Alma, ils ont tout vu, et leur récit apocalyptique a été diffusé sur une bonne partie des télés de langue anglaise. Or, leur chambre 306, au troisième étage de l'hôtel, donne sur la rue

Jean-Goujon, et ne permet même pas d'apercevoir la place de l'Alma !

Quant à Romain, un étudiant de 24 ans, pion dans un lycée, il invente carrément sa présence sur les lieux. Mis en contact avec le reporter d'une télé japonaise, il raconte, en direct, la scène à laquelle il aurait assisté sous le tunnel. Ses affabulations sont reprises par toutes les télés nipponnes et feront le tour du monde. Interrogé au Quai des Orfèvres, il reconnaît piteusement avoir, en réalité, passé cette soirée seul, à écouter la radio. «Je voulais être sous les feux de la rampe», avoue-t-il en sanglots.

Cette soif du quart d'heure de notoriété n'épargne personne. Pas même un certain Dr Thomas, médecin anesthésiste français, en congrès à Londres, qui prétend détenir des informations de la plus haute importance. Il se présente à Scotland Yard, affirmant que le chauffeur attitré de la Mercedes 300, qu'il connaît bien, a reçu «l'ordre formel» de ramener cette voiture au Ritz, le soir du drame, «avant 20 heures». D'ailleurs, ce dernier a dû accompagner ses parents, le même soir, avec un autre véhicule. Histoire embrouillée, mais qui, dans l'esprit de l'anesthésiste – victime peut-être d'un de ses produits –, recèle d'inquiétantes implications. Ces «révélations» sont transmises par Scotland Yard à la Crim' qui tente de l'auditionner. À défaut – l'intéressé ne jugeant pas utile de répondre aux convocations –, on interroge Karim Kazi, le chauffeur. Celui-ci confirme qu'il a bien été le chauffeur de la limousine, mais jusqu'au mois de juin. C'est pour cette raison qu'il est allé chercher les parents du Dr Thomas avec sa voiture personnelle. Il attribue les interprétations du médecin à cette confusion.

L'audition de Dr Thomas, sommé de se rendre quai des Orfèvres, se résume à un condensé des théories complotistes qui vont se développer tout au long de l'enquête. Il conclut sa déposition par cette phrase définitive, que n'aurait pas reniée le Dr Watson : « À qui profite le crime ? S'il y a crime bien sûr ! »

Au palais de Kensington, le dernier carré de l'entourage de Diana a appris, en larmes, la mort de la princesse. Devant la télé, il y a là Michael Gibbins, le dernier d'une longue liste de secrétaires particuliers à s'être succédé auprès de la princesse ; une poignée de domestiques, dont son majordome, le très controversé Paul Burrell ; enfin, Colin Tebbutt, son chauffeur, l'ultime grognard, un ancien policier resté par affection à son service. Il va montrer le plus de détermination à protéger les biens laissés par feu sa maîtresse. « Je suis passé en mode flic », confiera-t-il à Tina Brown [1]. Accompagné d'un Burrell larmoyant, il se rend dans les appartements de Diana, laisse le majordome prendre un chapelet, offert par Mère Teresa, et mettre dans une trousse de voyage du rouge à lèvres et un poudrier. Puis, il

---

1. Interview en 2006, *op. cit.*

enferme dans un coffre-fort les bijoux laissés dans la chambre. Enfin, il ferme les rideaux et pose des scellés improvisés sur les portes de l'appartement. Un simple papier adhésif sur lequel les deux hommes apposent leur signature.

Sans se changer, Tebbutt et Burrell prennent le premier avion pour Paris et se font conduire à l'ambassade britannique. Conscient de l'étrangeté de leur situation, Tebbutt glisse à son compagnon : « Ils s'attendent à recevoir un officier supérieur et des dames de compagnie. Pas à voir débarquer un chauffeur et un majordome. »

À la Pitié-Salpêtrière, les visites de condoléances ont été interrompues. Les employés des pompes funèbres commencent à préparer la princesse avec tout le soin que requiert leur illustre cliente. À l'aide de leurs fards et de leur talent, les thanatopracteurs réussissent à faire disparaître l'essentiel des cicatrices sur son corps, et à redonner à son visage et sa coiffure leur aspect habituel.

Pourtant, lorsqu'il s'agit d'habiller la princesse nue, rien n'a été prévu. Des émissaires, envoyés rue Arsène-Houssaye et au Ritz, sont revenus bredouilles. Mohamed Al-Fayed a fait vider l'appartement et la suite Napoléon des objets personnels du couple.

Diana, qui avait vendu deux mois auparavant pour 3,25 millions de dollars de robes au profit d'œuvres caritatives, n'a rien à se mettre pour son dernier voyage. La femme de l'ambassadeur, Sylvia Jay, est contrainte, pour la vêtir, d'aller chercher dans son propre dressing une robe de cocktail noire et des escarpins assortis.

Dans une chambre de l'hôpital, la princesse repose maintenant loin de cette agitation. Elle est veillée par un prêtre catholique, aumônier des hôpitaux, le père Yves-Marie Clochard-Bossuet, prié à son chevet par l'ambassadeur britannique. Caprice du destin, ce prêtre porte le nom de celui qui s'exclamait, trois cents ans auparavant, en prononçant l'oraison funèbre de la princesse Henriette-Anne d'Angleterre : « Vanité des vanités, et tout est vanité. C'est la seule parole qui me reste, c'est la seule réflexion que me permet, dans un accident si étrange, une si juste et si sensible douleur[1]. »

---

1. Bossuet, *Oraison funèbre d'Henriette-Anne d'Angleterre*, 1670.

Chapitre 6

Le jour n'est pas encore levé lorsque le fourgon de police secours transportant la dépouille de Dodi Al-Fayed s'arrête dans la cour de l'Institut médico-légal. Les employés en blouse blanche posent le corps sur un chariot puis l'emportent jusqu'au bureau des admissions, où il est enregistré sous le numéro 2146. Il est ensuite transféré à la morgue et déposé dans un des longs tiroirs réfrigérés en attendant le retour de la « patronne ».

Le Pr Dominique Lecomte procède à l'examen du corps de la princesse Diana à la Pitié-Salpêtrière. Il est 6 h 30 lorsqu'elle retourne quai de la Rapée, flanquée du commandant Mulès qui l'assiste pour les constatations médico-légales.

Pendant qu'elle prend sa douche rituelle, ses assistants ont placé le corps dans la salle d'examen et le débarrassent des lambeaux de vêtements découpés par les pompiers au cours de leurs vaines tentatives de réanimation. La légiste s'intéresse tout d'abord à la tête de Dodi Al-Fayed, méconnaissable, de multiples plaies couturant son visage. Son corps est fracassé : la poitrine est enfoncée sur la gauche, le bassin est fracturé au niveau du pubis, et ses jambes semblent être passées dans un concasseur. Le Pr Lecomte note à la main ses observations, et elle conclut : « Mort par hémorragie interne par enfoncement thoracique massif, avec polytraumatismes des membres inférieurs. » Elle remet au commandant Mulès une planche de croquis représentant une silhouette masculine, où sont matérialisées les fractures et les plaies.

À Londres, Mohamed Al-Fayed est dans son immense hôtel particulier du 60 Park Lane lorsqu'il est averti, vers minuit GMT, de l'accident, puis de la mort de son fils. Dodi l'avait appelé une heure auparavant pour l'avertir que, cerné par les paparazzi, il avait organisé une fausse sortie pour leur échapper. Le milliardaire n'avait pas fait de remarques sur cette diversion improvisée. Il était beaucoup plus intéressé par l'avancement de sa love story avec Diana. Dodi s'était montré optimiste. Il avait choisi, l'après-midi même, une bague chez Repossi, emporté en « confié »[1] sur le compte du milliardaire. Ce bijou venait compléter la panoplie – une montre Jaeger-LeCoultre et un bracelet de perles – offerte

---

1. Bijou confié par un joaillier à un client renommé. Une boutique Repossi est située place Vendôme en face du Ritz.

par le jeune homme sur les deniers paternels. Diana s'était amusée de ces cadeaux auprès d'une amie : « La prochaine fois, ce sera une bague. Mais je la porterai à la main droite ! »

Sans avoir dormi de la nuit, Mohamed Al-Fayed arrive à 5 heures du matin à l'héliport de Paris, dans son hélicoptère Sikorsky. Un chauffeur du Ritz et le deuxième garde du corps de Dodi, Kes Wingfield, l'attendent pour le conduire à l'hôtel. Al-Fayed est défait. Il interroge Wingfield sur ce qui s'est passé au Ritz et pourquoi le couple a changé de voiture au dernier moment. Le garde du corps se contente de répondre qu'il a obéi aux ordres de Dodi. Celui-ci a demandé de simuler le départ de la Mercedes 300 et de la Range Rover d'escorte, garées place Vendôme, devant l'entrée du Ritz. Pendant ce temps, le couple, pour échapper aux photographes, prenait une autre voiture à l'arrière du Ritz, rue Cambon. C'est dans cette Mercedes S280, conduite par M. Paul, le chef de la sécurité du Ritz, qu'ils ont trouvé la mort.

Les enquêteurs sont déjà au courant de cette substitution de limousine. À 2 h 30 du matin, son propriétaire, Jean-François Musa, s'est présenté spontanément à la 1ʳᵉ DPJ. Il explique que ce soir-là, lui-même était au volant de la Range Rover d'escorte et que le chauffeur attitré de Dodi, Philippe Dourneau, conduisait une Mercedes 300. Ce convoi avait assuré les déplacements du couple depuis son arrivée au Bourget.

Alors que les deux chauffeurs poireautent, Thierry Rocher, le directeur nuit du Ritz, lui demande si l'une des voitures de sa société est libre. Musa – ancien chauffeur du palace – est le gérant d'une petite agence de location de limousines, en contrat exclusif avec cet hôtel. «Je suis allé vérifier au tableau. La Mercedes S280 était disponible. J'ai donné les clefs à un chasseur pour qu'il aille la chercher dans le parking sous la place Vendôme. »

À l'héliport, Mohamed Al-Fayed, muré dans sa douleur, demande qu'on le conduise à la Pitié-Salpêtrière où, pense-t-il, repose son fils. La limousine aux vitres teintées pénètre dans la cour de l'hôpital et s'arrête devant le pavillon Cordier où l'un des assistants du préfet de police descend lui apprendre la mort de Diana.

Al-Fayed demande à voir son fils, mais il lui indique qu'il a été directement transporté à l'Institut médico-légal. Il décide de s'y rendre aussitôt, bien qu'on l'avertisse qu'il ne pourra en disposer qu'après la visite du médecin légiste. Mohamed Al-Fayed attendra deux longues heures, devant les portes closes de l'IMP, avant d'aller reconnaître le corps.

Dans la matinée, le substitut du procureur Maud Coujard lui accorde le permis d'inhumer: Mohamed Al-Fayed est autorisé à ramener le corps de son fils en Angleterre. L'homme d'affaires égyptien n'a pas perdu de temps: il a fait récupérer tous les bagages du couple qui se trouvaient au Ritz et dans l'appartement de la rue Arsène-Houssaye, et fait transporter par les pompes funèbres le corps de Dodi à l'héliport.

Il repart le jour même pour Londres.

Les réflexions de Mohamed Al-Fayed, sanglé dans son hélicoptère, le cercueil placé à ses côtés, sont à l'image de son caractère. Ce voyage vers l'Angleterre, terre adorée et honnie, où il va inhumer son fils aîné, rapidement selon la tradition musulmane, renforce son ressentiment.

L'affliction qui le frappe trouve son dérivatif ordinaire : la colère. Une rage froide et implacable qui l'emporte sur la raison, et lui permet d'occulter un insupportable sentiment de culpabilité.

Une sensation qui ne lui est pas familière.

La vie de Mohamed Al-Fayed a été un perpétuel combat pour affirmer la supériorité d'une intelligence et d'un talent, déniée et souvent moquée par l'establishment britannique. Pour une seule raison, en est-il convaincu, la modestie de ses origines.

Fils d'un instituteur égyptien, né dans les faubourgs d'Alexandrie en 1929, le petit Mohamed Fayed commence sa carrière, très jeune, en vendant de la citronnade qu'il fabrique lui-même à la maison. Le roi Fouad dirige alors une Égypte qui reste toujours sous la domination politique de l'ancienne administration coloniale britannique. Néanmoins, l'économie du royaume se développe et s'ouvre à la modernité. Fayed en prend la mesure et se lance dans la vente de machines à coudre, un marché en pleine expansion. Sa réussite va lui permettre de gravir un modeste échelon dans la société.

Il comprend rapidement l'importance des réseaux comme moteur de la réussite ; et celle de l'argent, qui permet de les accroître. Toute son existence va être basée sur ces deux préceptes. Mohamed est doué pour les contacts et parvient à se faire admettre par la jet-set moyen-orientale qui a fait d'Alexandrie le Saint-Trop' égyptien. Un homme d'affaires saoudien, Adnan Khashoggi, est séduit par le culot du jeune homme et lui offre un poste de directeur commercial dans l'une de ses sociétés de matériel médical. Dans la foulée, Mohamed, joli garçon, séduit Samira, la sœur de celui qui deviendra un célèbre et riche marchand d'armes. Il l'épouse en 1954 et franchit ainsi une nouvelle marche dans la société en s'alliant à une importante famille saoudienne. De cette courte union – ils divorceront deux ans plus tard – naît un fils prénommé Emad El-Din Mohamed Abdel Moneim, surnommé plus simplement Dodi.

L'ascension de Fayed démarre véritablement à ce moment-là. Devenu armateur, par la création sur des fonds saoudiens d'une compagnie de navigation, Mohamed a le vent en poupe... jusqu'à la nationalisation de sa société par le colonel Nasser, qui vient de prendre le pouvoir.

Anglophile de cœur, mais aussi poursuivi par son ex-beau-frère pour escroquerie, Mohamed décide sagement de s'expatrier à Londres avec l'indemnisation accordée par le régime. Il se démène et, grâce à ses relations, s'associe à un milliardaire des Émirats, Mahdi Al-Tajir. Celui-ci l'introduit auprès de l'émir de Dubaï, qui veut moderniser son petit État pétrolier. Fayed investit dans les Travaux publics, décroche de juteux contrats dans le monde entier et crée plusieurs sociétés, dont une nouvelle compagnie maritime. Il y gagnera beaucoup d'argent et une réputation sulfureuse d'homme d'affaires cynique et peu scrupuleux. C'est à cette époque qu'il décide d'accoler à son nom le préfixe *al,* un article défini en arabe comme *le* ou *la.* Mais qui donne aussi une tonalité aristocratique par sa proximité avec le mot Al (Famille), apanage des dynasties du Golfe.

Cette coquetterie ne va pas lui porter chance.

Lorsqu'il demande en 1994 la nationalité britannique, le gouvernement de Sa Gracieuse Majesté la lui refuse sèchement pour falsification d'identité [1]. La vraie raison : sa réputation d'homme d'affaires sans scrupules. Pourtant, Mohamed Al-Fayed a vraiment tout fait – et surtout trop – pour se faire reconnaître par l'establishment britannique.

Il s'est mis dans la poche le gourou financier indien Chandra Swami qui l'introduit – moyennant finances – auprès de l'homme le plus riche du

---

1. Il subira la même humiliation en 1999. Une nouvelle demande de naturalisation, posée après la mort de Diana, lui sera refusée.

monde, le sultan de Brunei. Omar Ali Saifuddien III en fait son conseiller financier, lui offrant ainsi une surface financière – réelle ou supposée – qui lui permet d'accroître sa puissance.

Il acquiert en 1972, dans le nord de l'Écosse, Balnagown Castle, un château du xvᵉ siècle pratiquement en ruines. Sa restauration, et celle du domaine de 12 000 hectares, lui coûte 20 millions de livres. Le nouveau châtelain, attaché à élargir son cercle relationnel, reçoit beaucoup et somptueusement. Ses manifestations intempestives d'amour pour la Grande-Bretagne où, proclame-t-il, « l'éthique et la morale comptent plus qu'ailleurs », lui attirent les sarcasmes d'un milieu qui place résolument la naissance et l'éducation au premier rang de ses valeurs. On n'est pas admis dans un cercle britannique parce qu'on peut payer la cotisation ! Mohamed est méchamment affublé du sobriquet de *wily Oriental gentleman* (petit Oriental roublard) [1].

L'homme d'affaires égyptien n'a peut-être pas saisi tous les codes de l'establishment, en revanche, il a tout appris de ses méthodes impitoyables.

Fin 1984, il monte une opération tortueuse et brutale qui lui permet de s'emparer – avec l'aide des fonds du sultan de Brunei – d'un des plus beaux fleurons du business londonien, le grand magasin Harrods. Le « petit Oriental » donne alors toute la

---

1. Périphrase pour former l'acronyme *wog*. En argot: métèque.

mesure de son génie des manœuvres financières et des méthodes sanglantes qui les accompagnent. Non content de s'en prendre à la finance, il intrigue auprès du gouvernement conservateur, mais n'ayant pas obtenu satisfaction, dénonce publiquement les députés qu'il a copieusement arrosés. Le scandale provoque une grave crise gouvernementale et vaut à Al-Fayed une enquête du DTI, le ministère du Commerce et de l'Industrie, et le nouveau surnom de *Phoney Pharaoh*, le « pharaon bidon » décerné par le journal satirique *Private Eye*.

De l'autre côté du Channel, sa réputation est beaucoup plus brillante. En 1979, il rachète à Paris, pour 30 millions de dollars, l'hôtel Ritz, à la veuve de Charles Ritz. Et dépense... cinq fois plus pour rénover le palace décrépit. Un effort qui lui vaudra la reconnaissance de la République, qui lui décerne la Légion d'honneur, remise à l'Hôtel de Ville, par le maire Jacques Chirac. En outre, la Ville lui concède dans le bois de Boulogne l'hôtel particulier qui a abrité l'exil, après son abdication, du roi Édouard VIII et de son épouse Wallis Simpson. Le bail est accordé pour cinquante ans, moyennant un loyer de 1 million de francs et la promesse que 30 millions de francs seront consacrés à sa restauration. Al-Fayed y consacrera beaucoup plus, rachetant en outre tout le mobilier et les objets légués par le duc et la duchesse de Windsor à l'Institut Pasteur. Il fait de ce coûteux pied de nez à la famille royale un musée privé, conçu pour impressionner ses invités et ses relations d'affaires. Pourtant, en juillet 1997, Al-Fayed annonce soudainement la mise en vente de toute la collection Windsor chez Sotheby's à New York. Il prévoit d'allouer à la Villa Windsor une destinée beaucoup plus prestigieuse...

Al-Fayed a épousé en 1985 une reine de beauté finlandaise, ancien mannequin, la très discrète Heini Wathén. La jeune femme, âgée d'une trentaine d'années, lui donne quatre enfants, Jasmine, Karim, Camilla et Omar, qu'elle élève tout aussi décemment.

Ce n'est pas le cas de son aîné, le fils qu'il a eu de Samira Khashoggi, et dont il a obtenu la garde après leur divorce selon la tradition islamique.

Al-Fayed lui offre la meilleure éducation possible, celle qu'il n'a pas eue. Père absent, il le colle dans l'institution la plus chic de Suisse pour gosses de riches, Le Rosey. Des frais de scolarité exorbitants, un service de protection nuit et jour, des pensionnaires issus du gotha et de la jet-set, un chalet d'hiver à Gstaad, des cours sur mesure : Le Rosey est idéal pour élever un fils de pharaon. Il y restera un an, puis disparaîtra pendant cinq ans dans un appartement de l'immeuble Fayed à Park Lane avec Rolls et chauffeur. L'indolence du garçon, dorloté par les Suisses et inspiré par sa poétesse de mère, inquiète Al-Fayed, qui décide de l'endurcir et l'expédie en 1974 à l'Académie royale militaire de Sandhurst. Prestige encore, puisque à peu près tous les mâles de la famille royale y sont passés. Le changement est rude pour Dodi. Habitué du cocon du Rosey et du luxueux nid familial, il doit se frotter à la discipline de fer d'une école où les élèves-officiers sont ins- truits par les instructeurs les plus retors de l'armée britannique. L'intention d'Al-Fayed est tout inscrite dans la devise de l'académie : «Servir pour comman- der». Bonne pâte, Dodi servira. Commander, c'est une autre histoire. À l'issue de son temps passé sous l'Union Jack (six mois), Dodi, poli, socialisé et édu- qué en Suisse, étrillé et dressé en Angleterre, semble enfin prêt à réaliser les rêves de son père.

Le jeune homme, installé somptueusement à Beverly Hills en Californie, est doté d'une société de production de films à Hollywood, Allied Stars Ltd. En fait, dirigée financièrement par son père et artis- tiquement par le réalisateur Timothy Burrill. Dodi, président par défaut, plonge tête la première dans la vie interlope de Los Angeles et adopte sa devise : Sun, Drug and Sex. Pour ses premiers pas, Allied Stars coproduit un film anglais, *Breaking Glass*, réalisé par Brian Gibson, la success-story puis la chute d'un groupe punk emmenée par une chanteuse déjan- tée, mais talentueuse comme il se doit. Présenté au festival de Cannes 1980, le film n'obtiendra pas la faveur du public. En revanche, la société remporte un grand succès pour son second film, en copro- duisant – pour 2 millions de livres – *Les Chariots de Feu* de Hugh Hudson. Le film, qui raconte l'histoire romancée de deux athlètes britanniques aux JO de 1924 à Paris, remporte quatre Oscars en 1982, dont celui du meilleur film et de la meilleure musique, composée par Vangelis... et rapportera 10 millions de dollars. Dodi semble avoir tout compris du métier de producteur : coucher avec des actrices et s'en mettre plein les narines. Au point que le coproducteur, David Puttnam, en apprenant qu'il distribue de la cocaïne aux acteurs, lui interdise l'accès aux plateaux de tournage[1].

Les autres productions de Dodi, dont le médiocre *Hook* de Spielberg, doté d'une distribution prestigieuse, rapportera 500 millions de dollars, la série des amusants *F/X* qui mettent en scène les spécialistes d'effets spéciaux, et un drame en costumes, *Les Amants du Nouveau Monde* de Roland Joffé, clôturent les productions Allied Stars sur un bilan honorable.

Il faut y voir la patte de Mohamed Al-Fayed plus que le talent de son fils, qui s'est taillé à Hollywood, et dans le reste du monde festif, une réputation de play-boy généreux, inconstant et superficiel. Les témoignages le présentent tous comme un enfant gâté, sous la tutelle d'un père qui lui verse comme argent de poche 100 000 dollars par mois[2].

Mohamed Al-Fayed ne retrouve en Dodi aucune des qualités – ni des défauts – qui l'ont guidé dans les affaires. Une des forces du milliardaire est de parier sur les faiblesses de ses adversaires. Il en a fait une arme redoutable.

---

1. Tina Brown, *op. cit.*
2. Sally Bedell Smith, *Vanity Fair*, mars 2002.

Cette fois-ci, elle va se retourner contre lui.

Rejeté de façon humiliante par l'establishment britannique, malgré ses efforts pour s'y insérer, Mohamed Al-Fayed va tenter d'y pénétrer par une porte dérobée.

La clef sera Diana.

Il a parfaitement analysé la situation d'abandon dans laquelle se retrouve l'ex-princesse de Galles. La jeune femme est mise au ban de la famille royale, snobée par une bonne partie de la Gentry, dotée d'une fortune insuffisante pour rivaliser avec les fastes de son ancienne condition et meurtrie par des amours décevantes. Sa notoriété, sa beauté et son âge font de la mère du futur roi d'Angleterre la parfaite femme trophée. Cette blonde aristocrate a démontré, en outre, n'avoir aucun préjugé contre un *Oriental gentleman.*

Mohamed Al-Fayed connaît très bien le milieu de prédateurs dans lequel il évolue depuis ses débuts. Ce bassin peuplé de milliardaires sans frontières, suffisamment âgés pour avoir épuisé tous leurs caprices, mais qui restent à l'affût d'un ultime fleuron : conquérir une femme convoitée et inaccessible.

Il va les prendre de vitesse.

Son coup de maître sera de séduire Diana. Pas pour lui-même, mais en utilisant les facultés naturelles de son fils à cajoler les femmes. « Il avait une innocence qui le rendait attirant. Il était séduisant et doux », dit l'une de ses amies. En témoigne son impressionnant palmarès de conquêtes, célèbres ou pas.

Mohamed Al-Fayed rédige secrètement son invitation, après avoir appâté Diana lors d'un court séjour à Saint-Tropez. La princesse ne trouve aucune objection à y passer, avec ses fils, quelques jours en juillet, d'autant que Mohamed a précisé que ce serait « en famille » avec sa femme Heini et leurs quatre enfants. Il n'est pas question de Dodi, fiancé à un mannequin de 31 ans, Kelly Fisher, à qui il vient d'offrir une bague de fiançailles de 110 000 dollars, et qu'il prévoit d'épouser le 9 août prochain.

La réponse positive de Diana déclenche chez Mohamed la mobilisation de l'ensemble des ressources de son ingéniosité et de sa fortune. Le milliardaire possède déjà toute la panoplie des «joujoux» : avion privé, hélicoptère, résidences multiples mais... pas de yacht. Il est bien propriétaire du *Cujo*, un ancien navire des gardes-côtes américains, reconverti en bateau de plaisance. Indigne d'une princesse.

Il rachète en deux jours, à un armateur anglais, un splendide yacht de 63 mètres, le *Jonikal*, construit en 1989 en Italie. La facture est de 20 millions de dollars, sans compter les nouveaux aménagements et la décoration, effectués en cadences infernales dans un chantier italien.

Le 11 juillet, tout est prêt pour accueillir la mini famille royale. Le *Jonikal*, doté d'un spa, d'une salle de gym et de moquettes neuves, est ancré dans la baie de Saint-Tropez, la résidence des Parcs est briquée et le service de sécurité, une escouade

d'anciens SAS (commandos de la Marine britannique), a reçu l'approbation du Royal Protection
Squad. Ce séjour familial et paisible s'annonce sous
les meilleurs auspices. À la satisfaction de Mohamed
Al-Fayed qui, pour ne pas les effaroucher, garde
pour le moment secrète la présence de ses hôtes.
Tout va changer lorsqu'il décide de passer à la
seconde partie de son plan.

Le 14 juillet, il appelle son fils, et lui enjoint de le
retrouver immédiatement à Saint-Tropez. Dodi, qui
se trouve à Paris avec Kelly, sa fiancée, dans l'appartement de la rue Arsène-Houssaye, ne sait rien des
invités de son père. Il s'attend tellement peu à cette
convocation qu'il a organisé, pour le soir même,
une grande fête chez lui à l'occasion du *Bastille Day*
(14 Juillet).

« Je suis avec Kelly, objecte faiblement Dodi.

— Je n'ai pas de place pour elle. Tu la laisseras
sur le *Cujo.* »

Dodi n'a pas l'habitude de discuter les ordres de
son père, et Kelly va passer trois jours, exilée sur
le *B-Yacht* de la flottille Fayed, seule. Pas complètement : son fiancé vient secrètement la retrouver en
fin de soirée. Lors d'une conversation orageuse au
téléphone, elle lance à Dodi : « Crois-tu que je vais
accepter longtemps que tu fasses le joli cœur avec
elle pendant toute la journée, et que tu viennes me
baiser la nuit[1] ? »

---

1. Cette conversation, écoutée et enregistrée sur le *Jonikal,*

Exaspérée, Kelly rentre à Paris à la grande satisfaction de Mohamed. Dorénavant, Dodi peut se consacrer entièrement à son entreprise de séduction. Les journalistes ne tardent pas à apprendre que la princesse et ses fils sont à Saint-Tropez. Des photos de leur présence à bord du *Jonikal* sont publiées un peu partout, ainsi que des clichés avec Dodi, sans qu'aucune rumeur de romance ne soit évoquée. Au contraire, c'est l'aspect familial qui prédomine, une sortie des enfants royaux et de leur mère au parc d'attractions foraines illustre cette impression paisible. Les quelques mots que Diana échange avec les journalistes le 14 juillet sont anodins, même si celle-ci promet «une grande nouvelle pour bientôt». Cela ne peut être – comme on essayera de le faire croire plus tard – l'annonce de sa liaison avec Dodi : elle l'a rencontré le jour même !

Néanmoins, un événement va perturber la princesse et favoriser les desseins de Mohamed Al-Fayed. Diana apprend que le prince Charles a organisé pour les 50 ans de Camilla une fête d'anniversaire largement médiatisée, dans sa propriété de Highgrove. Un film bienveillant sur la vie de Camilla est en outre diffusé à la télé. Ces deux manifestations participent à la campagne de réhabilitation du couple, orchestrée par le talentueux conseiller en communication de Charles, Mark Bolland.

---

a été produite en 2008, lors du procès qui a suivi l'enquête britannique.

Les choses vont alors se précipiter.

Les rapports entre Diana et Dodi changent : la jeune femme a répondu à la discrète et habile cour qui lui est faite. Diana raccompagne à Londres ses fils, qui doivent poursuivre leurs vacances à Balmoral. Le 31 juillet, elle rompt avec Hasnat Khan au cours d'un face-à-face dans les jardins de Kensington. Le chirurgien reconnaîtra plus tard qu'il ne parvenait plus à la joindre depuis deux semaines. Elle passe ensuite quelques jours à Paris en toute discrétion avec Dodi qui lui propose de repartir sur le *Jonikal*, à la mi-août, pour une croisière romantique en Corse et en Sardaigne.

Diana accepte et prévient elle-même le photographe Jason Fraser de la destination et de la date de ses prochaines vacances. Juste après une visite caritative, le 8 août, en Bosnie-Herzégovine, auprès de survivantes du génocide.

Le lendemain, dans les eaux tièdes de Sardaigne, elle s'abandonne dans les bras de Dodi, guettée par le téléobjectif de Mario Brenna, un photographe dépêché par Fraser, empêché ce jour-là (et qui va le regretter).

Le 10 août, le *Sunday Mirror* publie en une une photo exclusive payée 250 000 livres, sobrement titrée : THE KISS.

Mohamed Al-Fayed a gagné son pari.

Chapitre 7

Le Quai des Orfèvres, ce dimanche 31 août, est le théâtre d'une fébrilité exceptionnelle. Les bureaux de la Criminelle sont l'objet d'une curiosité qui provoque la visite intempestive de nombreux fonctionnaires d'autres services «venus aux nouvelles». L'enquête sur l'accident de la circulation, en passe de devenir le plus célèbre de l'histoire, suscite l'intérêt pas toujours innocent de toute la «maison». Les journalistes français ont activé leurs contacts au sein de la vénérable institution. Ils savent d'expérience que les bons tuyaux se récoltent difficilement à la source, mais par le biais de confidences à des collègues indélicats. Martine Monteil en a conscience et fait expulser les curieux tout en demandant à ses troupes d'observer le silence absolu sur les péripéties d'une affaire qui s'annonce hautement sensible.

Il est 10 h 30 lorsque les six photographes et le motard de presse, placés en garde à vue sur

instruction du substitut, sont tranférés depuis la
1re DPJ où ils ont passé le reste de la nuit. Toujours
considérés comme témoins, ils sont soupçonnés de
« non-assistance à personne en danger et de mise en
danger de la vie d'autrui ».

La *vox populi* n'a pas attendu leur interrogatoire
pour les désigner comme responsables de la mort de
Diana. Eux, inconscients du déchaînement de haine
qui se développe à l'extérieur, sont tout bonnement
de mauvaise humeur. Murés dans leur conviction
d'avoir été mêlés à un drame dont ils ne se sentent
pas coupables, ils redoutent confusément d'en devenir les boucs émissaires.

Ils n'ont pas tort. La brigade criminelle a été saisie
de l'affaire par le Parquet, en raison de leur possible
implication directe dans l'accident. Si elle est prou-
vée, ils risquent une inculpation pour homicide,
involontaire ou pas.

Le motard Stéphane Darmon est celui qui ressent
avec le plus d'appréhension ce placement en garde à
vue. Cet homme de 32 ans, ancien machiniste de la
RATP au chômage, prépare des concours adminis-
tratifs. Propriétaire d'une moto Honda 650 NTV, il
effectue depuis un mois un remplacement comme
coursier à l'agence Gamma.

Son témoignage a le mérite de dresser une chro-
nologie des déplacements du convoi transportant la
princesse Diana depuis son atterrissage au Bourget.

Il explique[1] que la veille, pendant le déjeuner, il a reçu un appel de Romuald Rat, photographe de l'agence, lui demandant de venir le prendre chez lui de toute urgence. Darmon se retrouve – avec le photographe sur le siège arrière – en route pour Le Bourget où doit atterrir l'avion de la princesse. Le coursier, plus habitué à transporter des plis ou des paquets, est stimulé par cette mission inhabituelle.

À l'aérogare du Bourget, ils ne sont pas seuls. Lorsque le *Gulfstream* d'Al-Fayed se pose vers 15 h 15, une dizaine de photographes sont en position derrière les grillages. Un quart d'heure plus tard, ses passagers en descendent, copieusement photographiés au téléobjectif. Une grosse Mercedes 300 et une Range Rover les attendent devant le terminal et le convoi s'ébranle sans attendre, suivi des véhicules des reporters. Darmon suit le mouvement «à bonne distance et à une allure normale».

Diana et Dodi ouvrent la marche, suivis du 4 × 4 des gardes du corps, et empruntent l'autoroute puis les boulevards extérieurs.

À la porte de Champerret, sous un tunnel du boulevard des Maréchaux, la Range Rover ralentit brusquement pour «faire couverture ou diversion». Dupés par cette manœuvre classique de rupture de filature, les photographes perdent de vue la Mercedes qui s'éloigne aisément. L'auteur de cette ruse est Henri Paul, le chef adjoint de la sécurité du

----

1. PV du capitaine Germain Nouvion.

Ritz au volant de la Range Rover. Il a agi en accord avec Dodi, qui souhaitait emmener Diana en toute tranquillité visiter le manoir Windsor au bois de Boulogne. L'habileté d'Henri Paul à se débarrasser des suiveurs aura une influence dans la décision d'Al-Fayed junior de lui confier, quelques heures plus tard, le volant de la Mercedes de substitution.

Darmon et Romuald Rat, semés comme les autres, tournent en rond un moment pour retrouver la trace de la Mercedes, puis décident de filer directement au Ritz. Les deux hommes arrivent place Vendôme vers 17 heures. Une vingtaine de photographes font le guet devant l'entrée du palace. Le couple s'y trouve déjà, déposé discrètement à l'entrée secondaire, après son escapade au Bois.

Lorsque Diana et Dodi ressortent, en fin d'après-midi, cette fois-ci par l'entrée principale, le cortège se reforme et descend triomphalement les Champs-Élysées. Ils se dirigent vers la rue Arsène-Houssaye, près de l'Étoile, où Dodi occupe un grand appartement dans l'immeuble de son père. Le couple y pénètre à pied sous les flashes, provoquant quelques bousculades avec l'un des membres français du service de sécurité de la résidence.

Darmon, qui a prudemment garé sa moto à l'écart, assiste à l'altercation, vite calmée par l'intervention d'un responsable et des deux gardes du corps anglais. Après quelques palabres, les photographes sont invités à suivre les déplacements tout en restant à bonne distance, et sans s'intercaler entre les deux voitures pour éviter les accrochages.

Cet accord sera respecté puisque la princesse et Dodi quittent l'appartement vers 21 h 30 sans incident et retournent au Ritz, suivis de leur cortège. Darmon et Rat se postent devant l'entrée principale et poireautent à proximité des deux voitures officielles.

Il est environ 0 h 20 lorsque Romuald Rat reçoit un coup de fil d'un photographe embusqué rue Cambon, qui le prévient qu'une autre Mercedes noire vient de partir avec la princesse et Dodi à son bord. Darmon réagit aussitôt et fonce avec son passager vers la Concorde où ils retrouvent la limousine arrêtée à un feu. Le conducteur démarre brutalement et accélère en direction des quais rive droite, au point d'impressionner le motard. « Elle nous a tous cloués en quelques secondes. » Le temps qu'ils réagissent, la voiture a disparu dans la circulation.

« On l'a perdue ! Je vais sortir à la bretelle de la place de l'Alma. Ils ont peut-être été retenus par un feu rouge, propose Darmon.

— Non ! On laisse tomber ! lui répond Romuald Rat. Continue sur la voie rapide : on rentre à l'agence. »

Les deux hommes ne sont pas seuls sur les quais, la circulation est encore dense ce samedi soir. D'autres véhicules appartenant à des photographes se mêlent aux voitures de particuliers, et roulent au hasard à proximité les uns des autres. « Un petit groupe de quatre ou cinq voitures, trois motos et deux scooters», estime Darmon.

Les deux hommes s'en détachent et poursuivent leur route. En entrant dans le souterrain, «j'ai tout de suite vu la Mercedes à droite en biais encastrée dans le mur droit. La klaxon était bloqué».

Darmon et Rat sont les tout premiers sur l'accident qui vient juste de se produire. «Arrête-toi!» crie Romuald. Darmon gare sa moto tandis que Rat se précipite vers l'épave alors que d'autres véhicules ralentissent ou s'arrêtent autour de la voiture accidentée.

Darmon n'est pas habitué à de telles situations. «Je suis quelqu'un d'émotif, j'ai paniqué!» avoue-t-il à l'enquêteur. Il redémarre et sort du tunnel. Puis à l'air libre, s'arrête à nouveau et regarde derrière lui. Ce qu'il aperçoit se fixe sur sa rétine. «Une vingtaine de photographes flashaient sans arrêt. Le véhicule était illuminé de flashes.»

Le motard s'assoit sur le trottoir, à l'entrée du souterrain. Il observe, prostré, cette scène démente.

Quand les premières sirènes de police retentissent, «les trois quarts des photographes» se sauvent et filent devant lui avec leurs véhicules. «Moi je suis resté, n'ayant rien à me reprocher.» Ne voyant pas Romuald Rat revenir, il retourne à pied sous le tunnel. Un petit groupe est retenu sur la chaussée par la police. Darmon s'en approche et se présente. Il est aussitôt interpellé, bien que Rat tente en vain de le dédouaner. Stéphane Darmon conclut sa déposition par ces mots: «Tous les photographes qui sont interrogés en ce moment dans vos locaux sont ceux qui n'ont pas cherché à se sauver.»

Le témoignage de Stéphane Darmon intéresse les policiers. Il affirme avoir été distancé par le chauffeur de la Mercedes et être arrivé sous le tunnel avec son passager après l'accident. S'ils sont, comme il le prétend, les premiers du groupe de paparazzi, ceux-ci n'ont donc pu gêner la course de la voiture, ni provoquer l'accident comme certains témoins l'affirment. L'interrogatoire des photographes, qui se déroule simultanément, va corroborer ces dires.

Romuald Rat[1] est un jeune photographe de 26 ans titulaire d'une carte de presse employé par l'agence Gamma où il est rémunéré par un fixe et une commission sur la vente de ses reportages people. Il confirme les déclarations de Darmon sur les péripéties qui ont émaillé la journée depuis l'arrivée au Bourget de Diana et de Dodi, qu'il désigne curieusement comme «le prince El-Fayed».

Alors qu'il poireaute devant le palace, en attendant la sortie de Diana, Romuald Rat est intrigué par le comportement d'Henri Paul. «Celui qui semblait être le chef de la sécurité du Ritz nous l'a lui-même confirmé, il nous tenait même au courant.» Cette familiarité avec les journalistes est inhabituelle. «Cela m'a paru curieux qu'il fasse comme ça le fier. Cela ne faisait pas sérieux.»

Romuald Rat raconte ensuite qu'alerté par

---

1. PV du lieutenant Isabelle Deffez.

l'agitation de ses confrères, il fonce avec Darmon par la rue de Rivoli jusqu'à la Concorde. La Mercedes est bloquée au feu rouge au coin des Champs-Élysées et Rat note la présence de quelques confrères en voiture et en deux-roues.

« Le chauffeur a-t-il brûlé le feu ?

— Non, mais quand le feu est passé au vert, il a démarré en trombe pour rejoindre les quais.

— Êtes-vous resté au contact ?

— Nous n'avons jamais rejoint le véhicule ; aucun d'entre nous. On est tous restés "en plan", vu la vitesse de la voiture.

— Vous n'avez pas tenté de les rattraper ?

— Si, bien sûr, je faisais partie des premiers poursuivants. Mais, dans le premier tunnel, nous ne les avons pas vus. On a ralenti pour se parler avec Darmon et on a continué sur les quais. Je pensais m'en tenir là et rentrer.

— Où se trouvaient les autres photographes ?

— Je crois qu'ils étaient derrière nous.

— Que s'est-il passé ensuite ?

— Eh bien, en arrivant au tunnel de l'Alma, j'ai d'abord entendu le klaxon bloqué. (…) Puis j'ai aperçu une voiture broyée, en travers de la route. Je ne l'ai pas reconnue tout de suite. On a ralenti et on l'a doublée pour nous arrêter juste après. »

Romuald Rat raconte ensuite avoir posé tous ses boîtiers[1] et couru à la voiture. « J'ai reconnu "El

---

1. Il reconnaîtra par la suite avoir conservé un appareil.

Fayed" qui était allongé sur la banquette arrière, complètement désarticulé.» Plusieurs personnes se rapprochent et il s'énerve, faisant dégager les badauds. Bien qu'il ait son portable à la main, il renonce à appeler les secours après avoir entendu quelqu'un dire qu'ils avaient déjà été alertés.

En revanche, Rat va prendre une initiative lourde de conséquences.

«Après avoir fait reculer les gens, je suis retourné à la voiture, et j'ai réussi à ouvrir la portière arrière droite. J'ai vu El-Fayed à l'arrière, et j'ai vu que tout le monde était broyé à l'avant.

«Diana était par terre entre la banquette arrière et le siège du passager avant. J'ai des notions de secourisme [1], et j'ai regardé si Diana était vivante en touchant son pouls. Je l'ai senti, et elle a gémi et bougé. Je lui ai parlé en anglais, en disant "Been cool, doctor will arriving" (sic). Je ne l'ai pas touchée autrement. J'ai vu que le garde du corps à l'avant bougeait aussi, et je lui ai dit en anglais de se calmer.»

Lors de son contre-interrogatoire [2], le lendemain, Romuald Rat fournira une description plus détaillée de cette vision dramatique.

«J'ai vu Dodi El-Fayed, disloqué sur la banquette, allongé face à moi, les yeux entrouverts. Un tapis

---

1. Les enquêteurs vérifieront que Romuald Rat est bien titulaire du Brevet national de secourisme n° 890548, délivré le 6 juin 1989 par la direction de la Sécurité civile.
2. Lieutenant Isabelle Deffez.

de sol était rabattu sur la princesse Diana. Je l'ai retiré pour voir si elle était toujours vivante, et je l'ai posé sur le bas-ventre d'El-Fayed, dont le sexe était apparent. »

Le jeune homme est très impressionné par la crudité de la scène. Il s'agite, tente en vain de débrancher la batterie. Écartelé entre son éthique de secouriste et son instinct professionnel, il a le sentiment d'être le seul à vouloir faire quelque chose. Il en hurle d'énervement. En fait, il est perdu. Toute son attitude en témoigne : il rabroue vertement des témoins indignés du comportement de ses collègues, tout en essayant vainement de contenir leur frénésie. L'arrivée de la voiture de SOS Médecins le soulage. Lorsqu'il voit un homme avec un masque à oxygène s'approcher de la Mercedes, il lui laisse la place et commence à son tour à prendre des photos.

« Combien avez-vous pris de clichés ? demande l'enquêtrice.

— Environ 20 à 25 photos, ce qui n'est pas grand-chose dans notre métier.

— Qu'avez-vous fait ensuite ?

— Les pompiers ont sorti El-Fayed, et je n'ai pas supporté la vue de son corps. Je me suis éloigné et je me suis assis pour fumer une cigarette. »

Romuald Rat est alors interpellé puis placé en garde à vue.

« Avez-vous quelque chose à ajouter ?

— Oui, je n'ai pas compris pourquoi la Mercedes a roulé brutalement aussi vite, alors que tout s'était bien passé dans la journée. Un chauffeur normal sait que ce n'est pas de cette manière qu'on sème les poursuivants. Celui-ci a pris trop de risques!»

L'interrogatoire des autres photographes se poursuit simultanément dans les différents bureaux de la Criminelle. Christian Martinez et Serge Arnal, qui faisaient équipe ce soir-là, se trouvaient dans la même voiture, une Fiat noire.

Serge Arnal[1], âgé de 36 ans, marié et père d'une petite fille, est reporter photographe à l'agence Stills depuis douze ans. Le jour du drame, il n'est prévenu de l'arrivée de la princesse Diana qu'en fin d'après-midi. Il file aussitôt au Ritz... pour constater que la princesse est déjà repartie! Il ne peut que partager sa déception avec un autre photographe bredouille, Christian Martinez. Arnal a l'adresse de l'appartement d'Al-Fayed, rue Arsène-Houssaye. Il embarque Martinez et, bingo, découvre une meute de photographes agglutinés dans la rue. Ils ont renoué le fil, et leur boulot à partir de ce moment est de ne pas le rompre.

Le couple quitte sans hâte l'appartement vers 21 heures. Arnal prend quelques clichés et suit le convoi qui met une vingtaine de minutes à arriver jusqu'au Ritz.

Puis les deux hommes s'installent devant la porte principale, en surveillant du coin de l'œil la Mercedes 300 et la Range Rover noire garées

---

1. PV du lieutenant Gisbert.

sur la place Vendôme. Deux heures plus tard, une soudaine activité des chauffeurs et de l'escorte les alerte. « La Mercedes et la Range Rover ont quitté alors le devant de l'hôtel pour faire le tour de la place Vendôme et finalement revenir à leur position de départ. J'avais quand même vu que les personnalités n'étaient pas à bord. Puis j'ai remarqué que le personnel de la sécurité [du Ritz] faisait des signes en direction de l'arrière de l'hôtel. »

Arnal et Martinez ont compris et se précipitent pour tenter de croiser le chemin détourné de la voiture princière. Au feu rouge suivant, Arnal aperçoit des véhicules de « collègues » qui foncent place de la Concorde. L'enquêteur le presse de préciser. Arnal avoue avec réticence qu'il s'agit d'un Pajero appartenant à un certain Ker, d'un scooter et de la moto de Rat et Darmon.

« Bien, continuez.

— Je suivais mes collègues de loin. Ils ont traversé la place de la Concorde et ont viré à droite le long de la Seine. C'est à ce moment-là que j'ai aperçu la voiture qu'ils suivaient : une grosse limousine noire. Elle a accéléré brutalement après le virage dans la ligne droite.

— Y avait-il une voiture d'escorte ?

— Non, je ne pense pas. Après, j'ai continué en tâchant de garder la limousine en visuel. Lorsque je suis rentré dans le premier tunnel [du pont Alexandre III], je l'ai juste aperçue qui en sortait déjà. Ensuite je l'ai perdue de vue. Elle allait très vite.

— Comment vous en rendiez-vous compte?

— À la vitesse à laquelle elle dépassait les autres voitures. Moi, j'ai ralenti pour m'assurer qu'elle n'avait pas changé d'itinéraire.

— Et vos collègues, où étaient-ils?

— Devant, je suppose : je ne faisais pas très attention à eux. »

Arnal arrive dans le tunnel de l'Alma et découvre la Mercedes encastrée dans le mur. Il dépasse l'épave et se gare une vingtaine de mètres plus loin.

« Une fois sorti de ma voiture, je ne me suis pas trop approché, ayant peur du sang. Vu l'état de la voiture, j'ai compris que c'était très grave. J'ai alors utilisé mon téléphone portable pour appeler les secours. Cela a été mon premier réflexe, j'ai composé le 112. J'ai dû m'éloigner des lieux du sinistre afin que la communication soit meilleure. Je me suis dirigé vers la sortie du souterrain. J'ai hurlé au téléphone parce que le son ne passait pas bien. J'étais paniqué. »

Arnal sera le seul photographe à appeler les secours. Lorsqu'il revient vers la voiture, Romuald Rat lui confirme qu'il s'agit bien de la Mercedes de Diana. Il rejoint alors la dizaine de photographes arrivés entre-temps, et fait une vingtaine de clichés de l'épave entourée par les pompiers.

Son coéquipier, Christian Martinez, est interrogé dans le bureau d'à côté[1]. Ce photographe de 43 ans,

---

1. PV du lieutenant Éric Gigou.

père de deux enfants, travaille pour l'agence Angely, spécialisée dans les paparazzades. Plus âgé que ses confrères, il est aussi plus expérimenté. Son récit recoupe celui de Serge Arnal sur leur rencontre devant le Ritz et leur association de circonstance pour filer la princesse.

Le faux départ des voitures de Dodi ne leurre pas ce vieux renard de la «filoche». Martinez soupçonne la manœuvre et demande à Arnal de foncer rue de Rivoli, le passage obligé, pour retrouver la voiture de Diana.

« Et c'est arrivés à la Concorde que nous avons ramarré[1] la voiture dans laquelle était le couple. Nous avons compris que c'était la bonne voiture parce qu'il y avait du monde derrière.

— Que voulez-vous dire par "du monde derrière"?

— Qu'il y avait des voitures de photographes derrière la Mercedes. »

Pressé par l'enquêteur, Martinez ajoute à la liste d'Arnal une Peugeot 205 noire. Puis explique qu'au feu tricolore de la Concorde, ils avaient presque rejoint les autres.

« À peine le feu est-il passé au vert que le conducteur de la Mercedes a démarré très vite, laissant tout le monde sur place. Serge et moi avons vite été semés, du fait [de la faible cylindrée] de la voiture de Serge. Nous avons suivi de loin. »

---

1. Terme de marine pour «renouer les amarres». Reprendre le contact visuel.

Martinez ne réalise pas tout de suite que la Mercedes accidentée est celle qu'il poursuivait. Ils garent la voiture à l'extérieur du tunnel, et reviennent ensemble à pied.

« C'est en revenant que j'ai vu Rat, je ne me souviens pas d'avoir vu Darmon, ni sa moto. Il me semble qu'il y avait déjà des gens arrêtés, une file de voitures. J'ai du mal à m'en souvenir. Ce qui est sûr, c'est que de ma profession, les premiers sur place sont Rat, puis Serge Arnal et moi. »

Les questions se font plus insistantes. Le policier ne se contente pas des réponses vagues de Martinez. D'autant que ce photographe a vraisemblablement été le premier à prendre des photos sans même essayer de porter assistance – comme Rat –, ni d'appeler les secours – comme Arnal.

« Combien avez-vous pris de photos ?

— Deux films de 36 poses plus un peu d'un autre. »

Le développement des films montrera qu'effectivement, Martinez ne s'est intéressé qu'à la princesse blessée. Et uniquement pour la shooter[1] !

Interrogé sur les motivations et les responsabilités de ses collègues, saisis de transe collective, Martinez tente de poser des mots sur cette scène primitive. « Nous avons tous été désemparés à un moment ou à un autre, reconnaît-il. Nous étions mal à l'aise. On allait et venait, mais la première réaction a été de

---

1. Shooter : terme utilisé par les paparazzi lorsqu'ils prennent des photos en rafale.

rester scotchés. Il ne faut pas oublier qu'on fait un métier bon enfant : on photographie des acteurs de cinéma et des chanteurs à trois sous. Ça ne va jamais bien loin. Là, j'étais complètement désarmé devant l'ampleur des événements. Et le fait d'être derrière un appareil photo, ça aide. C'est un écran qui permet de vous distancier. Et moi, petit à petit je me suis remis dans mon rôle de photographe. »

Et la responsabilité de Rat dans cette situation ? Martinez reconnaît qu'il a tenté de limiter l'acharnement de ses collègues. « Il criait aussi de ne prendre que la voiture en photo. Alors on n'a pris que la voiture. Et quand les secours sont arrivés, j'ai commencé à faire des photos plus *professionnelles*. » Il admet que Rat est le seul à s'être porté au secours des blessés.

« Pas vous ?

— Non. Ni un autre photographe non plus. Comment aurions-nous pu faire cela ? Peut-être par pudeur. C'est faire preuve d'une grande arrogance d'aller secourir des gens que l'on suivait quelques minutes auparavant, et puis de la pudeur en même temps. J'étais tétanisé par le rapport entre moi et les gens dans cette voiture. »

Le lieutenant Éric Gigou note alors dans le procès-verbal : « À ce stade de l'audition, constatons que la personne entendue verse des larmes. »

Les policiers ont encore trois autres photographes placés en garde à vue à auditionner. Leurs récits sur les péripéties de la journée et de la nuit rejoignent ceux de leurs collègues. Quant aux suites de l'accident, leurs témoignages se révèlent de seconde main : tous les trois arrivent bien après l'intervention des secours, comme le prouvent leurs photos.

Néanmoins, un tableau général se dessine. Arnal et Martinez confortent le témoignage de Rat et de Darmon sur les événements qui ont précédé le crash. Le drame les surprend aussi soudainement qu'il vient d'emporter les passagers de la Mercedes. Les personnalités et les réflexes se révèlent : Darmon s'éloigne pour regarder de loin ; Romuald Rat s'agite sans trop savoir que faire, puis se résout à ouvrir la portière ; Arnal a le réflexe basique de tenter d'appeler des secours ; quant à Martinez, il dissimule ses émotions derrière son appareil et «fait son travail».

L'hypothèse d'une responsabilité directe des photographes dans l'accident s'éloigne. À première vue, il est très improbable que ce soient les flashes qui aient fait perdre au conducteur le contrôle du véhicule, les photographes étant trop loin derrière la Mercedes pour actionner leurs appareils. Reste que les autres accusations, incriminant leur comportement après l'accident, se confirment.

Pour les enquêteurs, un fait mérite d'être éclairci. Tous ont pointé la vitesse exessive de la Mercedes et l'attitude équivoque de son chauffeur Henri Paul. L'échange de dernière minute des véhicules et le remplacement du chauffeur coïncident avec un brutal revirement des méthodes de conduite.

Mais pour l'heure, cette direction de l'enquête va être provisoirement abandonnée pour une urgence décidée au plus haut niveau. Il est évident que des photos de la princesse Diana, du corps de Dodi Al-Fayed et de la voiture accidentée circulent dans Paris. La Criminelle reçoit des instructions très précises non seulement pour identifier les photographes qui se sont enfuis avant l'arrivée de la police, mais aussi pour récupérer tous les clichés ou du moins empêcher leur diffusion.

Quant aux photographes qu'ils tiennent sous la main, ils sont remis en liberté sous contrôle judiciaire à l'exception de deux d'entre eux : Christian Martinez pour son comportement inconvenant et Romuald Rat pour l'empêcher de divulguer la scène qu'il a été, le premier, à découvrir dans la voiture [1].

---

1. Ils seront tous inculpés, mais remis en liberté le jour même par le juge d'instruction Hervé Stephan. Par la suite, Romuald Rat restera toujours extrêmement discret sur les circonstances du drame.

Chapitre 8

La monarchie tire sa légitimité de la continuité de son exercice. Rien ne doit laisser penser qu'un quelconque événement puisse perturber cet héritage, voire, *shocking*, l'interrompre. Une révolution, *my God!*

Élisabeth II est pétrie de ces principes qui élèvent l'impassibilité en vertu cardinale et oppose le silence du souverain au commun bavardage.

Le matin de la mort de Diana, elle prend deux décisions. D'abord, de faire mettre tous les téléviseurs du château de Balmoral sous clef; la seconde, d'assister comme de coutume, escortée de toute la famille, à la messe du dimanche. William et Harry recevront à l'église de Crathie – proche de Balmoral – l'une de ces rudes leçons réservées à l'instruction des jeunes princes.

Habillés, cravatés et stoïques, ils assistent à l'office aux côtés de la reine, de leur père et des autres, sans que le nom ni le sort de leur mère y soient même évoqués. Le chapelain a reçu du chef de l'Église anglicane soi-même de strictes instructions à cet égard. La souveraine impassible a la ferme intention de ne rien changer au déroulement de cette journée *ordinaire...* ni des suivantes.

La décision de Charles de rapatrier en personne le corps de Diana pour des funérailles publiques lui semble déjà le comble de ce qu'elle peut tolérer, et elle entend bien que l'implication des membres de la famille royale se borne à cette seule entorse à l'étiquette.

Les circonstances vont l'obliger, de fort mauvaise grâce, à réviser ces résolutions.

À Paris, les honorables gentlemen de Leverton & Sons Ltd – established in 1789 – se présentent à l'hôpital de la Pitié-Salpêtrière, en frac et chapeau haut de forme. Les employés des plus chic des pompes funèbres britanniques arrivent de Londres, par avion spécial, transportant avec eux un cercueil en acajou doublé de zinc et, à tout hasard, le drapeau de la monarchie.

À la surprise générale, ils se déclarent plutôt satisfaits du travail de leurs collègues français, et installent la dépouille de Diana dans le cercueil capitonné de soie blanche. Ils disposent entre ses doigts croisés le rosaire en verroterie noire offert par Mère Teresa et placent également sur son cœur un petit cadre en argent avec la photo de ses fils.

La police leur remet officiellement les objets et bijoux de Diana, retrouvés dans la voiture ou retirés pendant les soins et dûment répertoriés dans un procès-verbal. Les hommes en noir lui mettent sa montre, attachent le bracelet à son poignet droit, glissent la bague à son doigt et fixent l'unique boucle d'oreille [1]. La princesse Diana est prête pour recevoir la visite du prince de Galles.

L'avion du 146e bataillon royal transportant Charles et les deux sœurs de Diana atterrit à la base aérienne de Villacoublay en fin d'après-midi. Le prince y est accueilli par Hubert Védrine, le ministre des Affaires étrangères, avec les honneurs militaires. Au même moment, le président Jacques Chirac – qui a enfin pu être localisé – quitte l'Élysée et se rend directement à l'hôpital où il se recueille quelques minutes devant le cercueil, avant d'accueillir la délégation britannique au pied des marches du pavillon Cordier.

Le prince Charles, ainsi que Lady Jane et Lady Sarah, sont conduits jusqu'à la chambre mortuaire par le révérend Martin Draper, pasteur de la cathédrale anglicane de Paris, où ils pénètrent tous les quatre. La petite histoire retiendra que Charles, découvrant que la princesse ne portait qu'une seule boucle d'oreille, s'est indigné de cette inconvenance : « Elle ne peut pas partir avec une seule boucle ! » répétera-t-il à plusieurs reprises.

---

1. L'autre sera retrouvée beaucoup plus tard coincée dans le tableau de bord.

Au-delà de l'anecdote, elle traduit la manifestation d'un esprit en plein désarroi se focalisant sur un détail incongru. Lorsqu'il ressort, une dizaine de minutes plus tard, le personnel hospitalier, qui s'est groupé dans le couloir, remarque que le prince Charles, visiblement secoué, a les yeux humides. Il s'approche néanmoins du petit groupe et remercie chaque membre de l'équipe médicale.

Le cercueil clos et scellé est recouvert du drapeau et descendu par les employés des pompes funèbres jusqu'au corbillard. Le président et les membres du gouvernement, rassemblés autour de la délégation britannique, assistent à la cérémonie dans un grand silence, à peine troublé par le brouhaha de la foule contenue derrière les grilles. Le prince Charles et les sœurs de Diana montent dans les voitures de l'ambassade et le cortège, précédé par des motards, quitte la Pitié-Salpêtrière.

Vingt-quatre heures après avoir atterri en fanfare dans la capitale française, Diana en décolle dans la soute d'un avion militaire enveloppée dans un drapeau, comme la victime collatérale d'une guerre lointaine.

À Londres, succédant à la stupéfaction, une intense fièvre traumatique saisit une population qui a pourtant élevé le flegme en vertu nationale. La mort de Diana provoque dans le corps social une dépression généralisée. Les manifestations de ce malaise s'expriment ouvertement dans la middle

class et les milieux populaires qui se lamentent bru-
yamment de la disparition d'une fille de l'aristocratie. Les gens sanglotent, expriment publiquement
leur douleur, se livrent à des confessions déchirantes
et à des déclarations poético-larmoyantes où l'api-
toiement le dispute à la sensiblerie. Une princesse
ne meurt pas *vraiment* dans un stupide accident de
voiture, ni le rôle principal, en pleine saison d'une
série à succès… au risque d'une frustration collective
pathologique.

L'un des premiers à saisir cette « hystérie-Diana »
est le jeune Premier ministre travailliste, Tony Blair.
Il vient d'être élu au printemps, après dix-huit ans
de régime conservateur incarné par la Dame de fer
et le rigide John Major. Le raz-de-marée électoral
qui a porté Blair au pouvoir exprimait le ras-le-bol
des Britanniques trop longtemps corsetés par une
ancienne épicière et un « cornichon » (nincom-
poop) décoratif. Les manières de Diana, balançant
entre fiction et reality show, représentaient idéale-
ment cette *fresh wave*. Une princesse moderne qui
savait si bien donner l'illusion d'être votre amie.

Tony Blair, en bête politique, flaire aussitôt le danger, les risques, mais aussi les avantages qu'il peut
retirer de cette première épreuve infligée à son gouvernement. L'équation semble pourtant insoluble.

Il est pris en otage par un mouvement populaire
(qui vient de le plébisciter), dirigé contre un système
monarchique dont il tire sa légitimité.

D'un brillant raccourci, il va en faire la synthèse.

Tony Blair reprend à son compte le slogan de «princesse du peuple» inventé par la presse populaire, et donne à l'attelage de ces deux mots une résonance politique. Son principal problème est de convaincre la reine de lâcher du lest. Pas facile pour le 11ᵉ Premier ministre d'un monarque qui a eu comme tuteur Winston Churchill[1], et dont la longévité sur le trône est en passe de surpasser celle de la reine Victoria.

Blair trouve au sein de la famille royale un allié inattendu en la personne du prince de Galles. Charles, bien conseillé, a su anticiper l'ampleur de l'émotion qu'allait susciter la disparition de Diana. Avec quelques raisons : il a pu mesurer, aux premières loges, l'ascension de sa notoriété et l'extraordinaire engouement qu'elle parvenait à soulever. Il en a aussi subi les outrages. La guerre des Galles a laissé des blessures qui, à grand-peine cicatrisées, menacent douloureusement de se rouvrir. Tout le patient travail de son talentueux conseiller en communication Mark Bolland, et de son inspiratrice Camilla, serait définitivement perdu.

Pour l'heure, il s'agit de contenir les dégâts.

Les funérailles de la princesse sont l'enjeu d'intenses négociations à Buckingham Palace, dans le salon chinois de la reine. Sans elle.

---

1. Premier ministre en titre, lors de son couronnement en 1953.

La reine est restée à Balmoral, comme en témoigne le mât dépouillé au sommet du Palais. On n'y déploie l'étendard de la souveraine que lorsqu'elle est présente en ses murs. Alors que tous les drapeaux de la capitale sont en berne, ce mât nu, dans toute sa roideur, figure l'intransigeance de Brenda envers son ex-belle-fille. En cristallisant les passions, ce *maudit bâton* s'érige en symbole, et représente l'enjeu périlleux d'un bras de fer entre la souveraine et son peuple. Les tabloïds, qui faisaient profil bas depuis l'accident, reprennent des couleurs et enfourchent ce cheval de bataille. Le *Sun* titre « Où est notre reine ? Où est son drapeau ? », l'*Express* renchérit « Montrez-nous que vous êtes concernée » et le *Mirror* d'enfoncer le clou : « Votre peuple souffre ! Parlez-nous, Madame ! »

La presse britannique – à de rares exceptions près – surfe sur la même vague. Elle s'incarne concrètement sous la forme d'une mer de fleurs, d'ex-voto et d'objets divers – bougies, nounours, jouets en plastique, photos et déclarations d'amour – qui s'entassent devant les grilles de Buckingham. Sujet de prédilection pour les caméras du monde entier qui filment avec délectation cette manifestation en technicolor, dont l'ampleur ne fait que croître. L'effet « moutons de Panurge », combiné aux exhortations des commentateurs télé, pousse les Britanniques à se précipiter pour ajouter leur goutte à la marée. On comptera jusqu'à 6 000 personnes/heure se pressant à cette « performance » florale.

145

Un phénomène inexpliqué analogue à ce curieux dérèglement magnétique ou hormonal, qui pousse certaines espèces de poissons ou de mammifères à se jeter par bancs entiers sur le sable des plages.

Personne ne s'y trompe, ce tsunami floral est tout autant un hommage attendrissant à la princesse défunte qu'un désaveu spectaculaire de l'attitude de la reine. Les hommes réunis dans le salon chinois peuvent voir, heure après heure, monter ce défi muet.

Ont-ils le choix ? Le peuple demande des funérailles « royales » pour Diana. Personne ne s'y oppose, ni les représentants du prince Charles, ni ceux du Premier ministre, ni la famille Spencer, ni le Conseil de la reine.

Reste Sa Gracieuse Majesté qui fait de la résistance.

Ce n'est pas un caprice. La reine est la garante de la Constitution, dont elle est devenue experte au fil des ans. Si elle reste attachée aux privilèges, c'est parce qu'ils sont l'essence même d'un pouvoir qui ne subsiste que par la stricte observance des droits et des coutumes. Fort opportunément, la Constitution britannique est non écrite – les milliers de parchemins qui dorment dans les archives du royaume en attestent – et le royaume ne court pas de danger imminent[1]. Mais les monarques savent d'expérience que lorsque leurs sujets s'approchent un peu trop

---

1. Au plus fort de la polémique, plus de 55 % des Britanniques restaient attachés au système monarchique.

près des grilles du Palais, il vaut mieux céder avant qu'il ne soit trop tard.

Cette «dictature des fleurs» (flower power) selon la formule du *New York Times*, expression pacifique mais pressante de la volonté populaire, porte en elle les germes de troubles inquiétants. La reine est sur le point de briser ce lien précieux qui la relie à son peuple.

Cédant aux efforts conjugués de son fils et de son Premier ministre, Élisabeth II accepte de déroger à ses principes au nom du réalisme politique, porté paradoxalement par l'alliance d'un élu de gauche et de l'héritier du monarque. Dans cette affaire, on n'est plus à un paradoxe près.

Après tout, Londres vaut bien une messe !

Diana aura la sienne à l'abbaye de Westminster. En grande pompe, puisque c'est ce que souhaitent les Britanniques. Et comme le peuple veut du spectacle, on va lui en fournir ! Sur ce registre, la famille royale est imbattable. Le *show* sera d'une haute tenue, se pliant aux vœux de la société du spectacle, et mêlera habilement aux fastes traditionnels un modernisme rafraîchissant.

La monarchie se livre alors à un grand toilettage des *Pomp and Circumstance*[1].

Mais pas trop.

---

1. Shakespeare. *Othello*, acte III. «Adieu la bannière royale et toute la beauté / l'orgueil, la pompe et l'attirail de la guerre glorieuse. »

Le cortège d'abord. Il faut que le peuple voie passer sa princesse. Pas question de la placer dans un corbillard de verre comme une princesse de dessin animé. Les experts en com' penchent pour l'équipage traditionnel : six chevaux tirant une « allonge d'artillerie ». Qu'importe que Diana ait milité contre les mines antipersonnel et toujours refusé d'être la marraine d'un régiment. Elle sera escortée par douze Royal Foot Guards qui défilent à pied comme leur nom l'indique. L'escorte habituelle de cavaliers du Life Guard – le régiment de James Hewitt – serait malvenue.

Pour la nouveauté, on remplace l'ordinaire et strict défilé des troupes par un cortège informel de membres des nombreuses organisations caritatives et de militants des campagnes que la princesse a soutenues tout au long de sa vie. Enfin, la messe solennelle aura bien lieu à l'abbaye de Westminster, nécropole royale, où a été consacré le couronnement de la quasi-totalité des souverains britanniques. La touche fun sera apportée par Elton John qui interprétera un remake de « Candle in the Wind », la chanson écrite en l'honneur de Marilyn Monroe.

Reste à régler les modalités de la présence de la famille royale au cours des funérailles. La place protocolaire de chaque membre y sera scrutée et commentée. Les négociations sont loin d'être closes dans le salon chinois.

Devant la chapelle du palais Saint-James, la longue file des Britanniques patientant des heures avant de s'incliner devant le catafalque ne semble pas prendre fin. Sept cent cinquante mille personnes ont pris la peine de signer le registre de condoléances, y ajoutant fréquemment un touchant codicille.

Le cercueil de Diana y restera exposé pendant quatre jours. Après son arrivée en Angleterre, sa dépouille a effectué un détour par la morgue de Fulham où elle a été examinée par le Dr John Burton, senior coroner (légiste en chef) du Royal Household[1].

La veille des funérailles, le 5 septembre, Diana est convoyée en corbillard depuis Saint-James jusqu'à sa demeure, le palais de Kensington. Sur le court trajet, près de 50 000 personnes assistent à la progression du convoi. À Kensington, une veillée privée réunissant uniquement la famille Spencer et ses proches a été organisée par Charles, son frère. Aucun membre de la famille royale n'était convié.

Ce même jour, la reine est enfin rentrée à Buckingham et l'Union Jack, en berne, flotte au-dessus du Palais. Élisabeth II s'est rangée à l'avis de tous ses conseillers, qui la pressent de montrer un minimum de compassion envers son ex-belle-fille.

Quitte à aller à Canossa, autant faire le chemin jusqu'au bout. La reine va d'abord effectuer une

---

1. Dans une interview au *Times* en 2004, le Dr Burton, contrant les rumeurs, affirmera : « Je l'ai personnellement examinée. Elle n'était pas enceinte. J'en suis sûr. »

petite visite aux grilles de son Palais sous les yeux des caméras du monde entier et d'une foule de fans de Diana qui applaudissent à son passage. En tailleur de deuil, coiffée d'un élégant bibi, Élisabeth, accompagnée du prince Philip, déambule entre l'amoncellement de fleurs sur un parcours déblayé pour son passage. Elle s'arrête de temps à autre, se penche pour lire un poème ou admirer un ourson. Le clou du spectacle est fourni par une petite fille qui « échappe » à sa maman et lui présente une rose. « Veux-tu que je la dépose pour toi ? » demande la reine. « Non, c'est pour vous Madame ! » répond la petite fille. Cette réplique, trop belle, est rapportée par les conseillers en communication et abondamment reprise par la presse. Pour clore la prestation, le Palais annonce que la reine s'adressera à ses sujets, le soir même, et en direct. Une intervention exceptionnelle, la souveraine étant plutôt avare de ce genre d'exhibition.

Le texte de l'allocution est jugé trop formel par Tony Blair. Il charge son secrétaire à la presse, Alastair Campbell, de le rendre plus chaleureux. Celui-ci propose également que l'intervention royale se fasse « en direct », pour lui donner plus de spontanéité.

« Je vous parle en tant que reine et grand-mère... » Après ce début prometteur, Élisabeth explique avec émotion qu'elle a dû rester à Balmoral pour s'occuper de ses deux petits-fils. La suite est plus laborieuse : mal à l'aise, elle a bien du

mal à donner un peu de conviction à son éloge de
Diana. « Elle était une personne exceptionnelle.
Dans les bons et les mauvais moments, elle n'a
jamais perdu son sourire et son rire, et n'a jamais
cessé d'inspirer les autres avec sa gentillesse. Je l'ai
admirée et respectée, notamment pour la dévotion
dont elle a fait preuve envers ses deux garçons. » En
dépit du jugement cruel de l'éditorialiste du *New
York Times*, qui la comparera à « un glaçon qui tente
de fondre », le résultat aurait pu être pire. Et apai-
sera les esprits.

Dans le salon chinois, les derniers détails sont mis
au point par les émissaires de toutes les parties. Le
prince ne reste pas inactif durant les préparatifs.
Volontairement en retrait, il est en contact permanent avec ses représentants, organise le cortège, fait
porter des monceaux de fleurs aux organisations
caritatives qui doivent y figurer et trace le parcours.
Pressentant un afflux massif de spectateurs, malgré
la retransmission télévisuelle, il demande à ce que
l'itinéraire du cortège soit rallongé et qu'on dispose
de larges écrans dans Hyde Park pour qu'un maxi-
mum de personnes puissent apercevoir le défilé.

Le problème épineux de la participation des
membres de la famille royale est l'objet d'âpres
marchandages. Il est hors de question que la reine
suive le convoi à pied, à cheval ou en voiture. On
décide donc que seuls les hommes de la famille
marcheront derrière le cercueil : William et Harry, le
prince Charles, décidé à braver d'éventuels sifflets,

le prince Philip d'Édimbourg, représentant la reine, et le comte Charles Spencer.

In extremis, le frère de Diana va soulever une polémique en s'opposant à la présence de ses neveux, sous prétexte que l'épreuve leur serait trop pénible et que leur mère ne l'aurait pas souhaité. Cette mansuétude de la part d'un oncle, qu'ils connaissent à peine[1], est en réalité une tentative pour s'ingérer dans l'éducation des jeunes princes. Elle sera comprise ainsi par le prince Charles appuyé par le prince Philip, qui imposeront leur présence dans la procession.

William et Harry sont des Windsor, pas des Spencer. Ils sont l'avenir de la famille royale et la présence de trois générations de princes doit être un signal fort de la monarchie à son peuple.

Diana, qui avait horreur de la politique et s'en désintéressait, aura été jusqu'au jour de son enterrement l'instrument de manœuvres politiciennes.

Le 6 septembre à 9 heures, sous un soleil éclatant, Diana quitte Kensington Palace pour son dernier voyage. Le cercueil, recouvert de la bannière royale, est jonché de lys blancs et de deux couronnes de roses, celles des Spencer et de William et Harry,

---

1. Charles Spencer s'est installé en Afrique du Sud, après son premier mariage en 1989 avec le mannequin Victoria Lockwood, prétendant vouloir échapper à la presse. En réalité, c'est pour se rapprocher de sa maîtresse Chantal Collopy. Fin 1997, il divorcera de l'une et se séparera de l'autre. Les deux femmes s'allieront, l'attaquant en justice pour déloyauté.

posées à chaque extrémité. Une immense clameur accueille son apparition, le signe d'une ferveur plus proche de celle d'un spectacle que du recueillement. Comme une « ola », elle va se propager au fur et à mesure de la progression du cortège. Trois millions de personnes sont rassemblées sur un parcours que le cortège mettra deux heures à franchir. Devant les télés du monde entier, on estime que trois milliards de téléspectateurs suivent le dernier épisode d'une série qui les a tenus en haleine pendant quinze saisons. La présence de Steven Spielberg, Tom Cruise, Nicole Kidman ou Tom Hanks à Westminster, nonobstant leurs liens personnels avec la princesse, tinte comme un hommage des professionnels de blockbusters.

Devant le cercueil, recouvert à présent de la bannière du prince de Galles et surmonté de sa couronne, la famille royale s'est regroupée autour de la reine pendant la messe de Requiem retransmise par haut-parleurs et sur écran géant à l'intention des milliers de personnes attroupées sur le parvis. L'atmosphère à l'intérieur de la cathédrale est bien différente de celle de la procession. Un silence de tombe s'est abattu dans la nef où les privilégiés attendent, avec appréhension ou curiosité, le discours du comte Spencer qui doit clôturer la cérémonie. Le frère de Diana sait que c'est son moment de gloire, et va s'arranger pour le rendre inoubliable.

À 33 ans, le comte traîne déjà la réputation sulfureuse qu'il arbore avec une suffisance inoxydable. Il est en outre doté d'une certaine éloquence et d'une aisance avec les media, acquise comme journaliste à la chaîne américaine NBC. C'est donc avec aplomb qu'il reprend son antienne sur la responsabilité de la presse dans la mort de sa sœur. Se servant de la mort de Diana – avec laquelle il était brouillé – comme d'un tremplin, il harangue au nom de la morale une foule constituée pour l'essentiel de lecteurs fidèles de cette presse qu'il traite de meurtrière.

Il s'en prend aussi à la loi monarchique qui a privé Diana après son divorce de son titre et du prédicat d'Altesse Royale. Sa sœur, affirme-t-il, possédait « une noblesse naturelle qui n'avait pas besoin du sceau royal ». Une diatribe contre les « privilèges » qui aurait eu plus de poids, s'il n'avait pas hérité, au nom du « droit d'aînesse », du titre, du château et de l'essentiel de la fortune paternelle.

Mais, surfant sur une vague populiste, ses coups les plus durs sont dirigés vers la famille royale qui, pour l'heure, la honnit et mal en pense. L'orateur s'attaque, non sans talent, au point sensible. Ses neveux, dont il revendique avec arrogance la garde.

« Diana aurait voulu que nous nous engagions à prendre soin de ses enfants, William et Harry. » Puis, interpellant la défunte, il ajoute : « Au nom de ma mère et de mes sœurs, je m'engage à ce que nous, ta famille de sang, fassions tout ce qui est en notre pouvoir pour poursuivre la manière, pleine d'amour et d'imagination, avec laquelle tu as guidé ces deux jeunes hommes exceptionnels. Afin qu'ils ne soient pas seulement immergés dans le devoir et la tradition, mais que leurs âmes soient ouvertes et libres comme tu l'avais souhaité.» Cette tentative de récupération sera sévèrement jugée par la suite. William et Harry ont une famille, et se sont rapprochés de leur père depuis le divorce. En outre, sur le chapitre de la moralité, le comte a plus de leçons à recevoir qu'à donner.

Pour l'heure, en réponse à cette provocation, un crépitement d'applaudissements enfle à l'extérieur de la cathédrale, repris avec un mimétisme stupéfiant par les invités assis dans la nef.

Bien seule, la famille royale reste figée. Elle vient d'être publiquement mise au pilori par ces propos outranciers et ces acclamations outrageantes.

Le spectacle n'est pas terminé, et va se prolonger jusqu'à l'inhumation privée organisée par Charles Spencer dans son fief d'Althorp. Le cercueil de Diana, recouvert cette fois de la bannière des Spencer, est transporté dans un corbillard jusqu'à la demeure ancestrale dans le Northamptonshire. La foule s'est amassée sur les 73 miles de l'itinéraire, jetant tellement de fleurs sur le convoi que le chauffeur est contraint de s'arrêter à plusieurs reprises pour nettoyer son pare-brise.

C'est au petit matin que Diana arrive au bout du voyage dans le parc du château où elle n'a passé que peu d'années de sa vie. Charles a refusé qu'elle repose dans le caveau familial de l'église de Great Brington aux côtés des Spencer.

Il a judicieusement choisi le lieu de son inhumation, l'Oval, une petite île solitaire, au milieu d'un lac à côté du château. Posant ainsi la première dalle – si on peut dire – de ce qui va devenir le futur « Dianaland », un lucratif parc d'attractions commémoratif, édifié par Charles Spencer en quelques mois, à la mémoire de sa sœur disparue.

Chapitre 9

La brigade criminelle, ce 1er septembre, se focalise presque entièrement sur les paparazzi, voués aux gémonies par l'ensemble des media et l'opinion publique. Les commentateurs de tout poil, plumes et micros, s'interrogent gravement sur la responsabilité criminelle de leurs « confrères » qu'ils ont déjà reniés – et condamnés – avant même le chant du coq.

L'enquête mobilise la quasi-totalité de la Criminelle et une partie du Parquet conduit par le substitut, l'infatigable Maud Coujard, dans une chasse aux photos et à l'identification des photographes qui ont échappé aux arrestations. Les péripéties de cette partie de gendarmes et de voleurs balancent entre burlesque et lamentable. Des deux côtés. Perquisitions musclées dans les agences de presse, planques autour de mystérieux rendez-vous, démarches stupéfiantes auprès de l'ambassade britannique, avis de recherche, écoutes téléphoniques...

Cette enquête aboutit, *in fine*, à la saisie de la plupart des clichés pris sous le tunnel – dont une grande partie déjà négociée – mais que la mort de Diana rend impubliables. Quant aux photographes, ils se sont rendus rapidement, plus ou moins spontanément. Leurs témoignages recoupent ceux de leurs collègues : tous sont arrivés après l'accident et n'ont pas d'implication directe dans celui-ci[1].

Cette traque rocambolesque, exigée au plus haut niveau, n'empêche pas les enquêteurs de se poser des questions, notamment sur le rôle joué par le conducteur de la Mercedes. Son comportement et la vitesse à laquelle il roulait sont contraires aux fonctions d'un chauffeur de maître. De surcroît, alertés par le témoignage de Jean-François Musa, le gérant d'Étoile Limousine, ils savent qu'il y a eu substitution de Mercedes. Celle dans laquelle est morte Diana n'était pas conduite par Philippe Dourmeau, le chauffeur attitré de Dodi Al-Fayed.

Ces éléments sont suffisamment troublants pour

---

1. Le juge Stephan leur accordera un non-lieu, confirmé par la cour d'appel en septembre 1999. Les juges estiment que « l'accident ne résulte pas d'un acte volontaire », mais ils stigmatisent le comportement des photographes par la suite, ce qui néanmoins « ne constitue pas une infraction pénale ». Ils les renvoient, avec leurs employeurs, « aux conditions morales et éthiques de leur activité ». Rees-Jones, le garde du corps, seul survivant de l'accident, se félicitera de ce non-lieu, affirmant dans un communiqué « ne les avoir jamais tenus pour directement responsables de l'accident ».

que le procureur de la République ordonne qu'on procède à une analyse de sang du conducteur décédé. Le Pr Ivan Ricordel, directeur du laboratoire de toxicologie de la PP, est chargé « en urgence » d'y rechercher d'éventuelles traces d'alcool.

La veille, le Pr Dominique Lecomte, de l'Institut médico-légal de Paris, avait effectué une autopsie du corps d'Henri Paul, juste après avoir procédé à l'examen de ceux de Diana et de Dodi.

Le procureur avait requis pour Henri Paul une autopsie complète, dont les termes reflétaient bien ses préoccupations du moment. « Rechercher tous les indices de crime ou délit », et remettre à l'officier de PJ « tout projectile ou autre objet qui serait découvert dans le corps ». Il y ajoutait les prélèvements d'usage « en deux lots identiques, un échantillon de sang et, en cas de nécessité, les viscères ».

Le corps n° 2147, qui a subi de plein fouet le choc sur le pilier puis contre le mur, est en grande partie disloqué. L'ouverture de l'airbag n'a pas suffi à préserver Henri Paul, qui avait négligé de boucler sa ceinture de sécurité.

Le légiste note de multiples fractures, principalement sur la jambe droite écrasée par le moteur, plusieurs ecchymoses et des estafilades sur les mains, le thorax et le visage. Mais c'est le cou qui a subi les traumatismes les plus apparents. Les muscles sont déchirés et la colonne vertébrale, déplacée « au niveau de la 6e cervicale, a provoqué une section franche de la moelle épinière ».

L'autopsie confirme ces observations tout en révélant l'ampleur des dégâts internes. Si la boîte crânienne et les os de la face ne présentent pas de fractures, l'examen de la cavité thoracique et des viscères témoigne en revanche de la violence du choc. L'artère aorte a été arrachée du cœur et sectionnée sous la crosse, entraînant une hémorragie massive. Le bassin, disloqué autour de la colonne vertébrale, a provoqué l'éclatement du lobe droit du foie et des fissures à la rate. Enfin, le légiste constate que deux autres vertèbres cervicales sont fracturées, ainsi que la cage thoracique et la clavicule droite. Dominique Lecomte termine l'autopsie en effectuant les prélèvements demandés, « pour examen complémentaire éventuel ». Elle conclut son rapport « mort par poly-traumatismes avec fractures multiples du rachis cervical, rupture de la moelle épinière et d'aorte, écrasement cage thoracique », dont elle remet une copie au commandant Mulès, qui l'assiste depuis le début. Quant aux échantillons, ils sont étiquetés et soigneusement rangés dans un placard réfrigéré de l'Institut médico-légal.

L'autopsie atteste donc que la mort d'Henri Paul ne recèle aucun mystère. Il a succombé à la fois au « coup du lapin » et à une hémorragie interne provoquée par l'éclatement de l'artère aorte. Aucun projectile n'a été retrouvé dans son corps et toutes ses blessures résultent de la violence du choc et des déformations de la carrosserie.

La visite, le lendemain matin, d'un fonctionnaire du laboratoire de toxicologie de la préfecture de police ne surprend pas l'employé de la morgue. C'est une procédure classique. L'ordre de mission requiert un échantillon du sang d'Henri Paul, et il ouvre l'armoire réfrigérée et sécurisée qui contient 15 flacons scellés et étiquetés sous le n° 2147. Un condensé des fluides, humeurs et prélèvements organiques de feu Henri Paul. L'assistant s'empare d'un des cinq échantillons de sang, dont il contrôle soigneusement les indications, avant de le remettre à l'émissaire du Pr Ricordel.

À 9 h 45, la présence d'alcool éthylique est identifiée et le dosage mesuré automatiquement par une machine[1] qui répète l'opération quatre fois. Les résultats oscillent entre 1,8718 et 1,8750. Ils sont aussitôt transmis par téléphone au procureur de la République.

La nouvelle fait l'effet d'une petite bombe au Parquet: la législation fixe à 0,5 g la limite légale autorisée. Une teneur en alcool égale ou supérieure à 0,8 g est passible du tribunal correctionnel, de l'immobilisation du véhicule et d'une suspension de permis de conduire. Le procureur de la République exige la plus grande discrétion et ordonne aussitôt une contre-expertise.

Elle est confiée au laboratoire privé dirigé par le

1. Chromatographie en phase gazeuse à l'aide d'un appareil réglementaire Perkin Elmer F45.

Dr Gilbert Pépin, expert auprès de la cour d'appel. Un deuxième flacon est requis à l'IML et dépêché au laboratoire. L'affaire est classée prioritaire et le médecin procède personnellement à l'analyse sur un chromatographe Hewlett-Packard. Le résultat révèle un dosage d'éthanol dans le sang de 1,74 g/litre. Bien que celui-ci soit légèrement inférieur à celui du labo de la préfecture de police, expertise et contre-expertise révèlent toutes les deux un très fort taux d'alcool dans le sang du conducteur. Plus de trois fois la limite autorisée.

Cet élément incriminant un conducteur sous l'emprise de l'alcool donne une nouvelle orientation à l'enquête.

Décision est prise, au cours d'une réunion à la Criminelle, de poursuivre ostensiblement la vérification des témoignages des journalistes et l'analyse des photos. Cependant qu'une autre équipe va plus discrètement élargir le champ de l'enquête au Ritz, se focaliser sur Henri Paul et se pencher sur cette étonnante substitution de voiture et de chauffeur. Enfin, une expertise approfondie de la Mercedes accidentée est décidée. Bien qu'aucun élément concret ne permette de douter de la thèse de l'accident, l'hypothèse d'un sabotage ne peut être définitivement écartée qu'en examinant minutieusement le véhicule, ou ce qu'il en reste.

D'autant que la presse – principalement dans les pays arabes – oriente ses soupçons en direction de la famille royale. Une thèse se développe insidieusement, accusant les services secrets britanniques d'avoir fomenté un complot pour se débarrasser de la princesse et de son amant égyptien. Le mobile : Diana était enceinte de Dodi, et le futur roi d'Angleterre, chef de l'Église anglicane, aurait eu un frère ou une sœur musulmans ! CQFD.

D'aussi séduisantes insinuations suscitent aussitôt un écho dans les tabloïds britanniques en quête de rédemption après avoir été mis en pièces par Charles Spencer.

La révélation du taux d'alcoolémie d'Henri Paul va les détourner – provisoirement – de cette thèse complotiste, pour celle d'un plus classique : « Le chauffeur de Diana était bourré ! »

Le juge Stephan, qui vient d'être saisi de l'instruction, contemple le dossier d'enquête de la Criminelle qui, en 48 heures, atteint déjà près de 500 pages[1] !

Le magistrat soupire en se disant qu'il va s'ajouter à la vingtaine de dossiers en cours, enfermés dans l'armoire de sa greffière, Laurence Maire. Le caractère hautement sensible de l'affaire ne lui échappe évidemment pas. Il sait qu'à la minute même où il a été nommé, il est devenu le juge le plus important de France et que « la complexité de l'affaire » exige du renfort. Le président du tribunal de grande instance lui adjoint le juge Marie-Christine Devidal pour cette instruction aux ramifications

---

1. Le dossier P 97245 3009 comptera à son terme plus de 5 000 pages.

diplomatiques délicates et sous haute surveillance des media internationaux.

La première décision du juge Stephan est de délivrer une commission rogatoire à la brigade criminelle pour interroger les trois photographes identifiés dans le tunnel et qui se sont enfuis avant l'arrivée de la police. Il s'agit de Fabrice Chassery, David Odekerken (dit Ker) et Serge Benhamou. Les trois hommes sont aussitôt inscrits au fichier des personnes recherchées.

Le juge examine ensuite les demandes de constitution de partie civile. Il y en a trois, représentant les victimes mortes dans l'accident. D'abord celle des parents d'Henri Paul, un couple de retraités. Puis celle de Mohamed Al-Fayed, représenté par des ténors du barreau, Me Georges Kiejman et Me Bernard Dartevelle. La troisième émane de Mme Frances Shand Kydd et de Sarah McCorquodale, la mère et la sœur de la princesse de Galles.

Le plus gros morceau reste à examiner : les résultats des deux analyses de sang qui ont fait apparaître un fort taux d'alcoolémie chez Henri Paul. Sachant par expérience que ces analyses seront contestées, le juge décide de demander une analyse toxicologique complète, y compris médicamenteuse, incluant celle des cheveux et de l'humeur oculaire.

Une polémique vient en effet d'éclater, initiée par Mohamed Al-Fayed, inquiet des révélations visant Henri Paul, directeur adjoint de la sécurité du palace. L'implication d'un de ses employés place le milliardaire dans une position périlleuse.

Si on la résume : Diana est morte dix minutes après avoir quitté le Ritz, dans une voiture associée au Ritz, conduite par un chauffeur salarié du Ritz avec à ses côtés le fils du propriétaire du Ritz. Accablant pour un palace qui avait misé sur la présence médiatisée de la princesse pour promouvoir son image[1] !

Mohamed Al-Fayed, conscient du danger, décide d'attaquer. Son fils à peine inhumé, il se répand dans les media pour contester l'expertise, affirmant même qu'il y aurait eu substitution des prélèvements, organisée par les services secrets britanniques aux ordres du duc d'Édimbourg.

Cette offensive brutale conduit le juge Stephan à une démarche exceptionnelle. Il décide d'un transport à l'Institut médico-légal, pour assister en personne à une nouvelle prise de sang et aux recueils des cheveux et autres sur le corps.

L'infortuné M. Paul est derechef sorti de son tiroir pour être présenté aux juge après son transport.

Se penchent sur le précieux défunt Laurence Maire, la greffière, un bloc à la main, qui note les opérations, le Dr Campana, médecin légiste, le

---

1. S'il a été impossible de déterminer précisément l'origine de la fuite – volontaire ou pas – alertant la presse de l'arrivée du couple à Paris, l'absence de paparazzi britanniques disculpe Diana, mais oriente les soupçons vers une source française bien informée.

Dr Gilbert Pépin, médecin biologiste, deux officiers de police et un gardien de la paix.

Le juge Stephan demande d'abord aux policiers de l'Identité judiciaire de faire des clichés du corps et du visage, puis se tourne vers le Dr Campana, pour qu'il procède. Le médecin légiste prélève un peu de sang de l'artère fémorale droite, qu'il verse dans un flacon portant l'étiquette de l'IML n° 972147. Il procède de la même manière pour l'artère fémorale gauche et prélève des cheveux et de petits morceaux de tissu musculaire, qui sont ensuite placés dans des enveloppes scellées.

Le juge Stefan remet immédiatement un jeu de scellés au Dr Pépin pour analyses.

Le résultat lui est apporté le 9 septembre par porteur spécial. Un gros document dont le long préambule décrit précisément la méthodologie et les instruments qui ont permis les analyses sur les divers échantillons prélevés sur le corps de M. Paul. Pendant l'autopsie du 31 août, mais aussi en présence du juge, le 4 septembre. Hervé Stephan saute immédiatement aux conclusions du rapport.

Elles sont édifiantes. Non seulement elles confirment le taux de 1,74 g d'alcool éthylique dans le sang, mais elles révèlent la présence de plusieurs substances chimiques : fluoxétine, norfluoxétine et tiapride.

Le sang d'Henri Paul charriait au moment de l'accident une forte dose d'alcool combinée à des substances médicamenteuses. L'expert de préciser que la fluoxétine et son dérivé sont présents à des taux thérapeutiques quels que soient les échantillons de sang. « La fluoxétine est le principe actif du Prozac » prescrit pour « épisodes dépressifs majeurs (c'est-à-dire caractérisés) et troubles obsessionnels compulsifs ». Quant au tiapride qui apparaît sous forme de traces, c'est le principe actif d'un autre médicament – l'Equilium –, prescrit pour atténuer le besoin d'alcool.

Henri Paul se soignait donc pour une dépression et pour addiction. Le juge n'a pas besoin des ultimes observations du Dr Pépin, pour savoir que « l'alcool entraîne une majoration de l'effet des neuroleptiques » et une « altération de la vigilance qui rend dangereuse la conduite de véhicules ».

La suite des résultats ne fait que confirmer le diagnostic. L'ensemble des organes (foie, rate) et des fluides (urines, humeur vitrée et contenu gastrique) recèlent les trois composants médicamenteux et le taux d'alcoolémie. La présence de ces substances dans les cheveux prouve en outre qu'il ne s'agit pas de prises occasionnelles, mais qu'Henri Paul suivait un traitement médical.

Sans même refermer le rapport, le juge Stephan décroche son téléphone, appelle Martine Monteil à la brigade criminelle, lui demande d'intensifier l'enquête sur la personnalité d'Henri Paul et de l'élargir à son état de santé.

Dès le 3 septembre dans l'après-midi, deux perquisitions ont déjà été effectuées dans le bureau et au domicile d'Henri Paul. La première n'a rien donné de déterminant, si ce n'est un répertoire téléphonique. Les deux enquêteurs profitent de leur présence au Ritz pour saisir les bandes vidéo du système de sécurité pour la soirée du 30 août. Le directeur du palace, Frank Klein, qui était ce jour-là en congé à Saint-Tropez, leur remet six cassettes d'enregistrement d'un système multiplex à plusieurs caméras.

Ces vidéos permettront de déterminer précisément les visages des photographes et de la foule à l'extérieur, ainsi que les horaires des allées et venues du couple. Néanmoins, la médiocre qualité des enregistrements ne permet pas de se faire une idée sur l'état physique et psychologique des protagonistes.

Les officiers de police[1] se rendent ensuite au domicile d'Henri Paul au 33, rue des Petits-Champs, dans le 1er arrondissement. C'est un appartement de trois pièces, situé dans un immeuble ancien, à proximité des jardins du Palais-Royal. Les policiers sont à la recherche de preuves d'une éventuelle addiction. Pas vraiment probant. Ils constatent la présence d'une grande quantité de packs de boissons... sans alcool; y compris dans la poubelle. Le réfrigérateur ne contient qu'une bouteille de Martini blanc entamée et une bouteille de champagne. Le seul indice suspect est un petit mot, griffonné sur un

---

1. Le commandant Gérald Sanderson et le lieutenant Isabelle Deffez.

papier à en-tête d'un bowling, sur lequel est inscrit :
« Mr Henri Paul. Pour toi nous avons pris une, voire
plusieurs bouteilles de Four Roses », signé David et
Pascale[1].

Les enquêteurs se rabattent sur deux téléphones
portables appartenant au Ritz ainsi que sur la cas-
sette du répondeur. Jean Paul, le père, qui assiste à
la perquisition, leur remet également les pages d'un
agenda tiré de l'ordinateur de son fils.

L'interrogatoire de ce retraité de 68 ans n'apporte
pas d'informations bouleversantes. Son fils semble
très discret sur la nature de son travail au Ritz,
comme sur sa vie privée. Tout juste apprennent-ils
que deux ans auparavant, M. Paul avait vécu pendant
six ou sept ans avec une femme, Laurence Pujol. À
propos de l'alcool, le père se récrie vigoureusement,
affirmant que son fils « était très sobre » et que lors
de ses visites à Lorient « il trinquait avec de l'eau ».
Quant à sa santé, elle était excellente. Comme
preuve : son fils, pilote amateur, avait passé des examens pour une licence de pilotage aux instruments.
Il venait de recevoir son certificat d'aptitude physique et mentale, délivré par la direction générale de
l'Aviation civile.

On restitue à Jean Paul les biens personnels de
son fils : trois cartes de crédit ; des trousseaux de clefs
et le certificat d'immatriculation de son Austin Mini.

---

1. L'auteur de ce mot amical sera identifié. C'est le gérant
d'un bowling en Bretagne où M. Paul avait ses habitudes.

Ainsi qu'une somme de 12 565 francs (1 915 euros) retrouvée dans son portefeuille. Avant de partir, Jean Paul signale que le matin du drame, Henri avait joué au tennis avec Claude, son ami d'enfance. « Il était en pleine forme ! »

Claude Garrec est un homme de 41 ans, né à Lorient et directeur administratif d'une société parisienne. Il est entendu dans le cadre de l'enquête de personnalité, n'ayant rien à voir avec l'accident proprement dit. Son interrogatoire se révèle précieux sur le cas Henri Paul.

Les deux hommes se sont connus en Bretagne, une vingtaine d'années auparavant, juste après le service militaire que Paul avait effectué comme aspirant sur la base aérienne de Rochefort[1]. La véritable passion de Paul, c'est l'aviation, qu'il pratique régulièrement depuis l'âge de 17 ans, date à laquelle il a obtenu son brevet de pilote. Après son service militaire comme « rampant », Paul trouve un job de formateur au brevet de pilote, dans une société parisienne. Puis il change complètement de branche pour devenir vendeur de bateaux pour les sociétés Archipel et Émeraude-Marine, situées rue des Petits-Champs. Henri Paul ne va pas quitter le quartier pendant vingt ans, puisqu'il occupe d'abord

---

1. Les rumeurs faisant d'Henri Paul un ancien militaire – voire un membre des services secrets (sic) – ne sont pas fondées. Comme tous les jeunes appelés, il a fait un an de service national. Après quelques mois comme élève officier de réserve (EOR), il a terminé avec le grade d'aspirant.

un appartement au-dessus des bureaux de la société, avant de déménager quelques années plus tard au numéro 33 de la même rue. Il quitte son emploi de vendeur au bout de sept ans pour entrer directement à l'hôtel Ritz, qui crée un nouveau service de sécurité.

Claude Garrec fait part aux enquêteurs de son chagrin depuis la disparition de son ami. Il trace de lui un portrait sensible, loin des assertions péremptoires assenées par la presse.

«Henri était un "personnage" qui ne laissait pas indifférent.» En dépit d'un abord incisif et un peu déconcertant – il aimait taquiner les gens –, il se révélait généreux, le cœur sur la main et attentif aux autres. Son humour souvent corrosif ne l'empêchait pas d'être apprécié. «Pour moi c'était une personne formidable», conclut-il, avant d'ajouter à propos des informations sur son taux d'alcoolémie ce soir-là : «Henri était quelqu'un de consciencieux. Je pense qu'il n'aurait pas bu, s'il avait su qu'il devait conduire dans le cadre de son travail. Mais il n'était pas homme à refuser la mission qu'on lui confiait.»

Ce qui intrigue les policiers de la Crim', c'est l'itinéraire professionnel d'Henri Paul. Comment un vendeur de bateaux, pilote amateur, a-t-il bien pu se retrouver responsable de la sécurité du plus célèbre palace parisien ?

Le directeur adjoint du Ritz, Claude Roulet, est invité à s'expliquer sur les conditions de recrutement de Paul. Un simple concours de circonstances.

Le nom d'Henri Paul apparaît lorsque, en 1982, à l'issue d'une affaire de grivèlerie résolue par la 3e DPJ, Frank Klein annonce qu'il veut réorganiser les services de sécurité de l'hôtel. Il recherche quelqu'un, et un inspecteur avance le nom d'un de ses amis. Henri Paul envoie son CV et rencontre Roulet, auquel il fait bonne impression. Si bien que lors des travaux de réfection de l'hôtel en 1984, il est contacté pour donner des conseils à l'architecte sur les travaux de sécurité. N'y connaissant rien, il fait appel à l'un de ses amis, qui travaille à la sécurité de la Banque de France, et tous deux « assistent » l'architecte du Ritz pendant la durée des travaux. Si bien... qu'en 1986, Henri Paul est engagé comme assistant au chef de la sécurité.

Un parcours édifiant, qui prouve que pour devenir responsable de la sécurité au Ritz, il vaut mieux avoir de bons copains, plutôt qu'une expérience professionnelle.

Ce portrait lénifiant d'Henri Paul va changer lorsque les inspecteurs de la Crim' se penchent un peu plus attentivement sur son passé.

Le 2e Bureau de la circulation et des transports signale, tout d'abord, que Paul n'est pas titulaire de la licence de chauffeur de « Grande Remise »[1], ce

---

1. Réminiscence de l'époque où les cochers garaient les « grands » carrosses dans des « remises » particulières. Dénomination et législation se sont perpétuées jusqu'en 2010,

qui lui interdisait la conduite de la Mercedes S280 et autres limousines avec chauffeur.

Le juge Stephan élargit sa commission rogatoire et ordonne qu'on perquisitionne à nouveau le domicile d'Henri Paul, qu'on consulte les livres de police et les ordonnanciers des pharmacies du quartier et qu'on interroge son médecin traitant.

Le lieutenant Gigou se rend chez Henri Paul et se livre à une fouille plus complète de l'appartement. Il découvre dans l'entrée un meuble-bar fermé, où sont rangées plusieurs bouteilles entamées de différents alcools : Ricard, Suze, vodka et plusieurs bouteilles de vin rouge et de champagne intactes. Dans un placard de la cuisine, d'autre bouteilles entamées, du Ricard, du bourbon Four Roses et du Martini blanc. On se demande comment cette cave de « bon vivant » a pu échapper à la première perquisition.

Le lieutenant Vincent Delbreilh se charge de retrouver les pharmacies. Facile, avec les remboursements de Sécurité sociale. Henri Paul se fournissait principalement dans deux d'entre elles. L'une, rue des Petits-Champs, où il achetait du Prozac ; son dernier achat (2 boîtes) remontant au 17 juin. Une autre pharmacie de la rue Saint-Roch l'approvisionnait, à chacune de ses visites, en Tiapridal, (neuroleptique), en Noctamide (somnifère) et en

---

remplacées aujourd'hui par VTC (véhicule de transport avec chauffeur).

Aotal 333 prescrit contre la dépendance alcoolique ; sa dernière visite datant du 15 juillet.

L'audition de son médecin traitant s'impose.

Le praticien est une femme, médecin généraliste en milieu rural qui exerce dans une petite commune du Morbihan. Elle est interrogée sur place[1] par la Criminelle. Elle est « avant tout », dit-elle, une amie d'enfance d'Henri Paul qu'elle a connu au lycée de Lorient. Ils ne se sont jamais perdus de vue malgré le départ de Paul à Paris.

Très affectée par la mort d'Henri, elle trace de lui un portrait chaleureux, le considérant comme un membre de sa famille : « Il a toujours été très proche de nous : de mon mari, de nos enfants. Il était très attentionné. » Elle le décrit comme un timide « qui masquait ses pudeurs sous des attitudes provocatrices », intelligent et cultivé, mais modeste, « avide de s'instruire et curieux de tout ». Elle fait concorder son changement de comportement avec une rupture sentimentale. Henri entretenait une longue liaison avec une femme, Laurence Pujol. « Elle avait une fille, Samantha, qui comptait énormément pour Henri. Il était adorable avec elle et la rupture avec la mère, et encore plus avec cette enfant, l'a perturbé. »

Sur le plan médical, le médecin reconnaît qu'il l'a contactée par téléphone, un an et demi avant sa mort, pour lui demander une ordonnance de Prozac et de Noctamide. Il lui assure avoir déjà

---

1. Capitaine Éric Crosnier et lieutenant Marc Monot.

contacté un médecin parisien, qui lui avait prescrit un traitement.

Néanmoins, Paul se plaint de la persistance « de moments de cafard et de sensation de solitude extrême qui le conduisaient à s'alcooliser en dehors d'un contexte de convivialité, c'est-à-dire seul, chez lui ».

Paul s'adresse autant à l'amie qu'au médecin pour avouer sa dépendance à l'alcool. Elle lui prescrit alors un traitement spécifique : du Tiapridal utilisé fréquemment pour les dépendances éthyliques ainsi que de l'Aotal, sensé provoquer un dégoût des boissons alcoolisées. Elle ajoute, comme la plupart des témoins, qu'elle est convaincue qu'Henri Paul n'aurait jamais pris d'alcool s'il avait su qu'il devait conduire ce soir-là.

L'interrogatoire[1], quai des Orfèvres, de Laurence Pujol vient compléter l'enquête de personnalité du chauffeur décédé. La jeune femme, âgée de 32 ans, secrétaire au Ritz de 1989 jusqu'en 1995, travaillait au service de gestion du personnel. Elle entame une liaison avec Paul qui durera plusieurs années. Avec des hauts et des bas : ils se sépareront, puis se réconcilieront... avant qu'elle s'éloigne définitivement en 1995. « Après notre rupture, j'ai volontairement cessé tout contact avec lui. Henri a souffert de notre séparation, et moi aussi. Je ne lui ai téléphoné qu'une seule fois depuis, mais je sais qu'il maintenait

---

1. Lieutenant Éric Gigou.

le contact avec ma fille Samantha à laquelle il s'était attaché.» Florence trace de son ex-amant un portrait positif, louant sa principale qualité: la fidélité. «En partageant son intimité, je suis allée de surprises en surprises. C'était un homme gentil et intéressant.» Elle fait un sort à plusieurs médisances sur le caractère d'Henri Paul. «Certains lui reprochaient de mettre son nez partout et l'avaient surnommé "la fouine": mais c'était son boulot! On l'accusait d'avoir été engagé par piston, mais il était passé par plusieurs CDD. Et puis au Ritz, sans exagérer, la moitié des employés y rentrent par relations!»

La jeune femme assure qu'elle ne l'a jamais vu ivre, quelquefois un peu gai «à l'occasion des fêtes. Il faisait alors le pitre mais n'était jamais agressif. Il avait le vin drôle».

Laurence Pujol reconnaît, en terminant son témoignage, que si Henri – par extraordinaire – avait trop bu ce soir-là, il aurait tout de même conduit la Mercedes s'il en avait reçu l'ordre.

«Par respect de la hiérarchie.»

Chapitre 10

The show must go on.

Diana repose depuis quelques heures à peine dans sa tombe de Round Oval, que son frère Charles Spencer commence à tirer des plans pour organiser les visites à Althorp. Peu importe que Charles ait refusé à sa sœur d'y habiter après son divorce, déclenchant une brouille tenace.

Le château, construit il y a plus de trois cents ans, a bien besoin d'une réfection, et les milliers de personnes qui se sont pressées aux obsèques vont y contribuer. Le père louait déjà des chambres pour réparer la toiture et payer moins d'impôts, le fils va faire plus grandiose.

De peur que la ferveur ne retombe, Charles met les bouchées doubles. En quelques mois, il fait bétonner des parkings, tracer des allées, et aménager le temple d'inspiration gréco-mortuaire[1] sur

_____

1. Ce temple, construit à Londres en 1868 pour célébrer la

lequel il ne peut s'empêcher de faire graver dans le marbre quelques phrases de sa prose. Il tire du grenier toutes les reliques ayant appartenu à la jeune Diana, et collecte les lettres, films super 8, bulletins scolaires, jupettes d'uniforme, chaussons de danse et autres babioles qu'elle a laissés au manoir. Le tout est réuni et mis en scène dans les anciennes écuries retapées en musée-mémorial. Le clou de la visite sera la fameuse robe de mariée, ainsi que quelques exemplaires de tenues que Diana n'a pas vendues aux enchères. La visite de ce mémorial aura un prix, fixé à 29 livres (35 euros), et les bénéfices – après amortissement des investissements – seront reversés au Diana Memorial Fund... créé dans la foulée.

Charles Spencer va en profiter pour restaurer entièrement la centaine de pièces du château, dont de vastes salons et une galerie des ancêtres datant des Tudor, qui seront loués pour des mariages (50 000 livres), des réceptions (25 000 livres) et de prestigieux Bed and Breakfast (500 livres). Le maître des lieux ne dédaigne pas d'y faire une apparition entre 13 et 14 heures pour dédicacer ses livres, en vente à la boutique de produits dérivés (50 euros pour une tasse commémorative). La carte de vœux, envoyée par le prince Charles pour Noël juste avant leur mariage, n'est malheureusement pas proposée. La dédicace aurait pourtant mérité un fac-similé :

---

victoire de Nelson sur Bonaparte à la bataille d'Aboukir, a été transporté à Althorp en 1926.

« Avec beaucoup d'amour de la part de votre partenaire de claquettes. »

C'était au temps de la comédie sentimentale.

Devant les palais de Buckingham et de Kensington, les jonchées de fleurs commencent à pourrir. Cette odeur de cimetière incommode ses occupants, jusqu'à la princesse Margaret qui s'en plaint à une amie : « En mourant, elle aura réussi à rendre les gens aussi hystériques qu'elle[1]. » Pas très charitable de la part de la cadette de la reine, dont les histoires sentimentales, en son temps, ont enflammé la presse et donné de furieux maux de crâne à sa souveraine.

La consigne donnée aux membres de la famille royale est de faire profil bas. Pour le moment. Ils ont senti le vent du boulet, et la bonne attitude est, de tout temps, de rentrer la tête dans les épaules en attendant que le fracas de la bataille s'estompe.

La principale préoccupation du prince Charles est de mettre Camilla à l'abri. Dans tous les sens du terme. Un pavillon servant à loger les gardes de Scotland Yard est construit à l'entrée de Ray Mill House, la propriété de 7 hectares acquise par Camilla deux ans auparavant avec l'héritage de sa mère. Une maison cossue, avec des dépendances et une petite piscine en haricot cachée derrière des murs de curé, qui lui a coûté 850 000 livres (1,25 million d'euros). Cette « demeure de hobereau », selon

---

1. Tina Brown, *op. cit.*

le mot de Marc Roche – du journal *Le Monde* et fin connaisseur de la famille royale –, est située au bord de la rivière Avon dans le Wiltshire, à moins d'une trentaine de kilomètres de la «ferme» de Highgrove. Pour se rapprocher d'elle, le prince avait acquis cette propriété non loin de celle des Parker Bowles, située à côté de Chippenham. Après son divorce, Camilla avait quitté la petite ville, sans regrets.

Il est peu probable qu'elle y remette les pieds un jour : à l'automne 1997, des clientes l'ont bombardée de petits pains, pendant qu'elle faisait ses emplettes dans un magasin. Depuis, c'est le major-dome de Highgrove qui fait les courses de Camilla chez Sainsbury's. Son personnel, deux femmes de chambre, un jardinier et un chauffeur, est fourni par Charles. La maîtresse officielle du prince de Galles est également dotée d'une confortable pension annuelle de 120 000 livres prélevée sur la cagnotte princière.

La mort de Diana, loin de stigmatiser Camilla, renforce en fait sa situation. Elle est désormais à l'abri des aigreurs de la princesse déchue, et Charles des pressions de son ex. La famille royale en pousserait bien un ouf de soulagement. Mais ça ne se fait pas.

Reste à réparer les dégâts subis par la monarchie. Ils auraient pu être pires. La reine a gardé sa couronne et la reconquête de l'opinion publique est une question de temps... et du jus de crâne des spécialistes en communication dirigés par Mark Bolland.

Son expertise est simple : un seul membre n'a pas été touché par la bourrasque : la reine mère. Il va appuyer sa stratégie de reconquête sur sa notoriété.

À 97 ans, Queen Mum, comme l'appellent familièrement les Anglais, est incontestablement la plus populaire de la famille. Toujours bon pied, bon œil, et une certaine propension à lever le coude, ont hissé Elizabeth Bowes-Lyon au statut de ces personnalités si familières qu'elles en deviennent intouchables.

La tendresse des Britanniques pour Queen Mum vient de très loin. Elle est apparue en 1937, dès l'avènement du roi George VI après la défection de son frère Édouard VIII. Fait roi et reine sans l'avoir voulu, ce couple fusionnel va conquérir le cœur de ses sujets. Elizabeth soutient avec persévérance le roi bègue jusqu'à ce qu'il parvienne à surmonter son handicap[1]. En 1940, lors de la déclaration de guerre, elle refuse de quitter son mari et son pays pour se réfugier au Canada, avec ses filles Élisabeth et Margaret. Au plus fort de la bataille d'Angleterre, elle reste à Londres et se rend inlassablement dans les ruines des quartiers bombardés pour réconforter la population. C'est encore elle qui poussera la future reine à s'engager dans les troupes auxiliaires, et transformera sa maison familiale en hôpital. Elizabeth incarne si bien la résistance indomptable

---

1. Un combat retracé magistralement dans le film *Le Discours d'un roi* de Tom Hooper.

d'Albion, qu'Adolf Hitler pestera contre elle : «C'est la femme la plus dangereuse d'Europe!»

Les rapports de la reine mère et de Diana ont toujours été cordiaux. Pour ses fiançailles, elle lui offre une très jolie broche en diamants et saphir, mais montre déjà son scepticisme en privé. «Je crains qu'elle ait des difficultés à trouver son chemin», confie-t-elle à Lord Chamberlain, chargé de l'organisation du mariage. Elle décèle très tôt les failles de Diana, mais fidèle à ses principes évite d'en faire état. La vieille reine se déclare juste «horrifiée» par les confidences et les interviews exhibitionnistes du couple. Après le divorce, elle s'étonne que la princesse renonce à une grande partie de ses œuvres de bienfaisance. «Le Devoir», qu'elle invoquait en français, «c'est ce qui nous permet de garder notre dignité. C'est toujours la même antienne. Le Devoir!» La veille des obsèques, elle fait porter une gerbe à Kensington Palace pour la veillée privée, tenant à manifester ainsi sa tristesse et sa compassion.

Par devoir, Queen Mum se prêtera aux photos et reportages organisés par les services de communication qui, prenant prétexte de l'approche du centenaire de sa naissance, vont rappeler avec subtilité aux Britanniques les valeurs attachées à leur longue histoire avec la monarchie. Pour le spectacle, Queen Mum, vêtue de ses tenues pastel improbables et de ses capelines démesurées, armée d'un humour décapant – elle tient à assister depuis sa fenêtre de Clarence House à la répétition de ses funérailles nationales[1] –, apparaît aussi british qu'un arc-en-ciel après l'orage.

Alors que la famille peine à restaurer son prestige, Mohamed Al-Fayed persiste dans son entreprise de démolition. Il mobilise sa fortune, ses relations et... le directeur des relations publiques de Harrods, Michael Cole. Cet ancien journaliste, correspondant à la Cour pour la BBC, s'était illustré en dévoilant en 1987 le contenu du prêche que la reine prononce traditionnellement à Noël. Obligé de présenter ses excuses, il est placardisé par la chaîne publique avant de démissionner. Mohamed Al-Fayed, empêtré à l'époque dans des démêlés judiciaires après l'acquisition acrobatique de Harrods, l'engage comme conseiller en communication. Il va le rester, gérant astucieusement en 1994 l'affaire des dessous de table versés par Al-Fayed à des membres du Parlement, *Cash for questions scandal,* qui provoque la chute du gouvernement de John Major. Après la mort de Diana et de Dodi, c'est tout naturellement qu'il se retrouve en première ligne pour «défendre leur mémoire». En fait, pour éviter au père d'être mis en cause dans l'accident de l'Alma.

Michael Cole va adapter sa stratégie au gré des péripéties de l'enquête. Stigmatisant à l'origine les

---

1. Queen Mum décède le 30 mars 2002, âgée de 101 ans, peu après sa fille Margaret, morte en juin. Le prince Charles lui rendra un hommage sensible et émouvant, apprécié par la population et unanimement salué par la presse.

paparazzi « étrangers » pour ménager les tabloïds anglais, il est contraint de réviser ses plans après les révélations sur le taux d'alcoolémie d'Henri Paul et sa dépendance aux médicaments. Pour faire oublier que le chauffeur ivre n'est autre que le responsable de la sécurité du Ritz, Cole concocte un plan aussi habile que brutal.

Mohamed Al-Fayed, après avoir nié publiquement et farouchement les résultats des analyses sanguines, soutient mordicus que les échantillons ont été « échangés » et qu'il s'agit d'une substitution organisée par les services secrets britanniques.

Pour étoffer ce scénario invraisemblable, mais de nature à embrumer les esprits, Al-Fayed transforme la liaison récente (trois semaines) entre son fils et Diana en une mythique histoire d'amour. Le moindre détail est sublimé pour accréditer cette fable romantique. Une bague, choisie par Dodi, « en quelques minutes » selon Rees-Jones, après un rapide aller-retour de l'autre côté de la place Vendôme, devient « la bague de fiançailles ». (En réalité, Dodi, indécis, la remarque au doigt de la commerçante et l'emporte sans la payer.) L'escale à Paris est présentée comme un avant-goût de voyage de noces, et la Villa Windsor comme le futur nid où s'installera le couple. Enfin, pour ne pas être en reste avec le Dianaland de Charles Spencer, Mohamed Al-Fayed installe au cœur même de Harrods, au pied d'un escalier mécanique « pharaonique », un monument à la mémoire du couple.

En marbre rosâtre, l'autel supporte une sculpture en bronze, surmontée des photos des amants en médaillons enlacés. Le tout est couronné d'une mouette stylisée qui bat des ailes. Au premier plan, une pyramide en Plexiglas teinté abrite un verre à pied qui porte encore la trace du rouge à lèvres de Diana et la fameuse bague de Repossi, bizarrement différente du modèle « Dis-moi-oui ! » choisi par Dodi. Des cierges et des coussins de fleurs complètent ce spécimen abouti d'art funéraire rococo. Plus tard, Al-Fayed y adjoindra la statue grandeur nature d'une Diana à peine voilée et d'un Dodi bien viril, esquissant un pas de danse sous les ailes déployées d'un albatros (dont on se demande ce qu'il fait là). À côté du temple, le marchand a installé quelques colifichets – torchons, oursons, souvenirs – siglés Harrods.

Le point d'orgue de toute cette fiction est dévastateur. Al-Fayed instille dans l'opinion publique internationale l'idée que Diana était enceinte et qu'une sanglante machination a été mise en place pour mettre un terme définitif à cette situation. Rien ne sera épargné pour donner corps à cette rumeur. Les faux témoignages : le plus connu est celui d'une infirmière imaginaire de la Pitié-Salpêtrière, inventée par Al-Fayed, qui aurait recueilli les dernières paroles de la moribonde ; les faux documents, comme ce certificat de grossesse à en-tête des « Hôpitaux de Paris » qui a circulé dans toutes les rédactions, avant d'être exploité par quelques journaux sans scrupules et des livres complaisants.

Mohamed Al-Fayed alimente cette « croisade » en payant de sa personne et de ses deniers. Il engage des détectives privés, sort de sa retraite le vieux commissaire Pierre Ottavioli (75 ans) pour le dépêcher sur les traces du MI6. Il donne une interview au *Daily Mirror* titrée « Ce n'était pas un accident ». Il participe à une émission sur ITV, « Diana, The Last Days », qui recense toutes les théories rocambolesques de la thèse du complot en les présentant comme des éléments d'enquête. La Toile n'est pas en reste, les complotistes s'en donnent à cœur joie. Plus de 35 000 sites dans le monde entier se consacrent à cette entreprise de désinformation digne de l'opération Fortitude échafaudée pour tromper les Allemands sur l'emplacement du débarquement.

Les résultats sont à la hauteur des espérances. Les soupçons, lancés tous azimuts, parviennent à convaincre une bonne partie de l'opinion qu'il y a anguille sous roche. Pendant plus d'une dizaine d'années, l'astucieux milliardaire maintiendra ses assertions contre l'évidence, et écartera avec mépris les preuves qu'on lui opposera.

Une enquête est même ouverte en 2004, à Londres. Elle porte sur les allégations de « camouflage » d'un assassinat sous couvert d'un accident, et de « conspiration » d'agents du MI6, sur ordre de la famille royale. Baptisée « opération Paget », elle est dirigée par le chef de la police, Sir John Stevens. Les investigations interminables coûteront plus de 4 millions de livres (6 millions d'euros) aux contribuables et, réunies dans un rapport de 871 pages, concluront à l'inanité de ces accusations. Le 7 avril 2008, le jury de la Royal Courts of Justice rend son verdict : Diana et Dodi sont morts parce que la Mercedes allait trop vite, que le conducteur avait trop bu... et qu'ils ne portaient pas leur ceinture.

« *Much Ado About Nothing*[1]. »

De dépit, Mohamed Al-Fayed fait enlever de la façade d'Harrods les armes de la reine, du prince de Galles et des membres de la famille royale, qui signalent que le magasin est leur fournisseur officiel. Un peu plus tard, au pied du tombeau de Dodi, il célèbre une cérémonie – qui hésite entre l'expiatoire et le vaudou – en brûlant les enseignes abhorrées sur un grand bûcher. Il s'y fait filmer, sautillant en chemise hawaïenne devant ce grotesque autodafé.

À Paris, touristes et fans de la princesse ont élu une reproduction du flambeau de la statue de la Liberté[2] – érigée dix ans auparavant – en monument à la mémoire de Diana. Fleurs, ex-voto, déclarations enflammées, bougies et oursons sont religieusement

---

1. *Beaucoup de bruit pour rien*, William Shakespeare, 1600.
2. Offerte par souscription du *Herald Tribune* à l'occasion du centenaire de la célèbre statue, don de la France aux États-Unis en 1884.

déposés sur son socle et les voyagistes inscrivent à leur catalogue un « Tour Diana » qui prévoit une escale sur le pont de l'Alma, avec arrêts devant le Ritz et la Pitié-Salpêtrière. Des cars déversent leur cargaison de Japonais et de provinciaux sur le pont. Les plus téméraires n'hésitant pas à aller à pied jusqu'au 13e pilier, où une main anonyme a jeté un pot de peinture rouge pour qu'il soit bien reconnaissable. La Mairie de Paris mettra plusieurs années avant de débarrasser la flamme de ses offrandes.

Au Quai des Orfèvres, une découverte fait (encore) rebondir l'enquête. Trois semaines après l'accident, les expertises sur la Mercedes, confiées le 12 septembre par le juge Stephan à l'Institut de recherche criminelle, commencent à donner des résultats. La mission de l'adjudant-chef Brossier, la plus délicate, est d'identifier le contenu du scellé n° 2, recueilli par les « experts » sur la chaussée du tunnel. Il s'agit d'un petit sachet contenant les débris du feu arrière d'une voiture inconnue. Pour bien exprimer l'importance qu'il accorde à l'identification de ce véhicule, le juge demande à être informé des résultats au fur et à mesure de l'avancement des recherches.

L'expert dispose de vingt petits débris et d'un grand morceau de plastique de couleur rouge. Il va mettre cinq jours pour les identifier. Pour cela, il épluche le catalogue des pièces détachées des constructeurs automobiles. Un travail de bénédictin qui lui permet de sélectionner le feu arrière de marque Seima Italiana équipant les véhicules Fiat de type Uno fabriquées *entre les mois de mai 1983 et septembre 1989.*

Pour valider sa découverte, il reconstitue la pièce en collant les débris, façon puzzle, sur le moulage d'un feu similaire.

Cette dernière expertise, qui révèle que les débris proviennent du feu arrière d'une Fiat Uno, change toutes les données de l'enquête. Elle oriente les soupçons du juge d'instruction et de la brigade criminelle sur l'intervention d'un autre véhicule dans l'accident. Les experts en traces et peintures, Patrick Touron et Jean-Charles Bouat, de l'Institut de recherche criminelle de la gendarmerie nationale, sont immédiatement chargés de prélever les traces de frottement visibles sur le côté droit de la Mercedes et sur la coque du rétroviseur ; ils devront déterminer leur nature et leur origine.

Leurs conclusions parviennent au juge fin septembre. Il s'agit d'une peinture référencée Bianco Corfu 224 fabriquée par la société PPG et apposée sur différents modèles de Fiat. Cette peinture blanche, comme son nom l'indique, a été appliquée sur les modèles Uno, assemblés à Rivalta Torinese et Mirafiori en Italie, *de 1983 à fin août 1987.*

Les experts précisent que compte tenu des hauteurs, un véhicule Fiat Uno est bien en mesure d'occasionner les traces relevées sur la Mercedes. Le contact entre ces deux véhicules n'a pu être qu'un choc de trois quarts arrière, entre le côté droit de la Mercedes et l'arrière gauche de la Fiat Uno. La première roulant à une vitesse supérieure à la seconde.

Le juge Stephan est particulièrement satisfait du travail du laboratoire de la gendarmerie nationale. Ses experts ont réussi à mettre en évidence, à partir de quelques morceaux de plastique et de simples traces de peinture, un élément capital dans l'enquête.

Une Fiat Uno de couleur blanche construite entre 1983 et août 1987 a été impliquée dans l'accident. Le choc a été assez fort pour briser son feu arrière et imprimer une trace de peinture blanche sur la carrosserie de la Mercedes. En revanche, l'impact n'a pas été suffisamment puissant pour l'envoyer dans le décor.

Le juge Stephan s'empare du plan de l'accident établi par le bureau *ad hoc* de la préfecture de police. Le document situe précisément la place des objets et débris retrouvés sous le tunnel, ainsi que les traces de pneus et les impacts sur le mur, les piliers et les trottoirs du souterrain. Le juge peut ainsi visualiser le déroulement des événements à la lumière de ces nouvelles découvertes.

La première trace de freinage est visible sur la voie de gauche, au bas de la descente, à l'aplomb de l'entrée du souterrain, à moins d'un mètre du trottoir qui supporte les piliers de soutènement. La marque laissée par le pneu avant gauche s'incurve dangereusement pour se rapprocher à vingt centimètres du trottoir. Le point d'impact avec la Fiat Uno se situe approximativement au milieu. Il est matérialisé par des débris de plastique rouge mélangés à des éclats de plastique blanc et dispersés sur un rayon de plus de deux mètres. Les éclats blancs proviennent du clignotant avant droit de la Mercedes (scellé n° 1) et les rouges, du feu arrière gauche de la Fiat Uno (scellé n° 2). À une dizaine de mètres après le point d'impact, on trouve sur la chaussée l'enveloppe du rétroviseur de la Mercedes (scellé n° 4) ainsi que le réflecteur de son feu clignotant (scellé n° 3).

Les traces de gomme reprennent une trentaine de mètres après le point d'impact. Elles sont doubles, débutent sur la voie de gauche, s'incurvent vers la voie de droite pour revenir vers la série de piliers. Longues de 32 mètres, elles matérialisent la course ultime de la Mercedes. La roue avant gauche ripe sur le trottoir, un peu avant le douzième pilier, et la voiture continue sur sa lancée pour emboutir le treizième. Puis elle pivote sur elle-même et vient se fracasser sur le mur droit du tunnel. De multiples débris volent sur la chaussée opposée et des débris de verre Securit se répandent sur le sol.

Le juge Stephan soupire. Sa conviction est faite : Henri Paul, diminué par l'alcool et les médicaments, roulait très vite et a tenté, en vain, d'éviter la Fiat Uno sur sa route. Après l'avoir touchée, il perd le contrôle de la Mercedes, qui va percuter, quelques dizaines de mètres plus loin, le treizième pilier du tunnel.

Les experts concluent que c'est en voulant dépasser la Fiat par la gauche et en frôlant le trottoir que l'accrochage a eu lieu. Le conducteur de la Fiat se trouve alors derrière la Mercedes et l'accident se déroule devant ses yeux. Il assiste à la tentative du conducteur pour reprendre le contrôle, mais la Mercedes part en dérapage et cette fois-ci, la roue gauche heurte violemment le trottoir, le pneu éclate et déforme la jante en alliage. La voiture incontrôlable poursuit sa course vers le pilier, rebondit sous les yeux du conducteur de la Fiat, et traverse la chaussée devant son capot.

Par quel miracle celui-ci est-il parvenu à éviter la Mercedes devenue folle ?

Il suffit de le lui demander.

Malheureusement, la Fiat blanche a disparu et son conducteur ne s'est jamais manifesté. Un mois après l'accident, l'enquête fait apparaître un témoin essentiel, dont le véhicule est impliqué dans l'accident.

Il faut absolument retrouver la Fiat Uno et son conducteur.

Chapitre 11

La présence d'une « voiture fantôme » impliquée dans le drame ne peut que relancer les spéculations les plus fantaisistes sur le « mystère » de la mort de Diana. Du pain bénit pour la presse internationale, qui embraye aussitôt sur ce rebondissement de l'enquête. Les tenants de la théorie du complot se pourlèchent les babines et affûtent leurs claviers devant cette perspective qui renforce opportunément leurs thèses.

À la brigade criminelle, ce nouvel élément laisse les policiers pantois. Aucun des nombreux témoins n'a fait état de la présence d'une voiture blanche, encore moins d'un accrochage précédant l'accident ! Le conducteur et sa Fiat semblent s'être volatilisés.

Pourtant, le 18 septembre à 18 heures, un nouveau témoin est entendu discrètement à la brigade criminelle : Georges Dauzonne, un cadre financier parisien de 42 ans. Il n'a pas assisté directement à l'accident mais a pénétré sur la voie rapide après le tunnel juste à ce moment-là. Le lendemain, il a téléphoné au Quai des Orfèvres, mais son témoignage n'a pas été retenu.

Il explique au lieutenant Gigou : « Alors que je m'apprêtais à entrer sur les quais rive droite, j'ai vu une Fiat Uno, de couleur blanche à deux portières, vieux modèle, assez crasseuse, immatriculée soit dans les Hauts-de-Seine soit dans les Yvelines. Cette voiture zigzaguait en sortant du tunnel. Je me suis dit que le chauffeur devait être ivre, j'ai eu peur qu'il me percute. J'ai klaxonné. L'homme, qui fixait son rétroviseur en roulant, a ralenti assez pour que je puisse le doubler. Il avançait vraiment lentement, à environ 30 km/h. L'homme a ralenti encore au point de pratiquement s'arrêter. J'ai eu l'impression qu'il allait faire une marche arrière. Le chauffeur était vraiment perturbé par quelque chose derrière lui. »

Georges Dauzonne précise encore qu'il a bien reconnu le modèle, le même que celui de sa belle-mère, et qu'il est certain de l'heure, 0 h 32 : sa femme lui a fait observer que la baby-sitter attendait à la maison. Sabine, son épouse, ajoute à ce récit qu'elle a bien vu la Fiat s'arrêter, juste avant qu'ils ne pénètrent sur la voie rapide. C'est en redémarrant qu'elle a failli les emboutir. « Cet homme est sorti comme un "zombie" du tunnel, il semblait ivre. Il était hagard et ne regardait pas devant, mais derrière lui. » La description physique qu'ils font du

conducteur est assez floue. Un homme entre 35 et
45 ans, aux cheveux courts, qu'ils peinent à décrire.
En revanche, ils ont parfaitement vu un gros chien
– un berger allemand ou un labrador – installé sur
la banquette arrière, portant un bandana et/ou une
muselière autour du cou.

Ces témoignages apportent la première confir-
mation visuelle aux indices qui impliquent une Fiat
Uno dans l'accident. Le comportement du conducteur, les yeux rivés sur son rétroviseur, hésitant sur
la conduite à suivre, prouve qu'il a été choqué par
l'événement.

Pourtant, l'absence de numéro d'immatriculation et d'une description précise du conducteur
ne facilite pas la tâche des policiers. Selon Georges
Dauzonne, la voiture serait immatriculée dans un
département de l'Ouest parisien, les Yvelines ou les
Hauts-de-Seine. On y recense 113 000 Fiat Uno ! Si
on croise avec les conclusions des experts, qui datent
le modèle d'avant 1987, il reste tout de même près
de 5 000 véhicules à contrôler. Une tâche quasi
impossible si l'on tient compte des changements
d'immatriculation, de domicile, des voitures volées
ou accidentées...

De plus, si le conducteur de la Fiat ne s'est pas
dévoilé au moment de l'accident, il y a peu de
chance qu'il le fasse trois semaines après. Selon les
éléments d'expertises, sa responsabilité pénale ne
semble pas engagée : il a été percuté à l'arrière par
un véhicule roulant plus vite que lui. En revanche, il

ne s'est pas arrêté et on peut lui opposer un délit de fuite et de non-assistance à personne en danger.

Plus inquiétant : à défaut de connaître sa version de l'accrochage et en l'absence de témoins, d'autres hypothèses sont envisageables. A-t-il, volontairement ou pas, empêché l'autre véhicule de le dépasser ? A-t-il une responsabilité dans la suite des événements ?

Ou pire, a-t-il un lien quelconque avec un service de renseignement ?

Cette dernière hypothèse, apparemment farfelue, n'est pas prise à la légère par le juge. Il est bien placé pour savoir que Mohamed Al-Fayed et les tabloïds ne vont pas hésiter à agiter la disparition du conducteur pour en tirer d'obscures conclusions.

La brigade criminelle se met aussitôt en chasse pour retrouver la Fiat Uno et l'homme au chien.

Les policiers tentent d'abord d'identifier le numéro minéralogique en faisant l'inventaire de tous les systèmes de surveillance vidéo sur le trajet emprunté par la Mercedes entre le Ritz et le tunnel de l'Alma, ainsi que celui qu'aurait pu emprunter la Fiat Uno après l'accident. En 1997, le réseau de caméras n'est pas aussi développé qu'il le sera par la suite.

Rue Cambon, seul l'hôtel Ritz est pourvu de deux caméras braquées sur la sortie de l'hôtel. Les caméras des autres immeubles qui en sont équipés sont tournées vers leurs seules façades.

Place de la Concorde, les trois caméras de l'état-major de la Marine sont dirigées vers l'immeuble. Une seule caméra est fixée sur un candélabre, mais en direction du pont de Solférino.

Au long de la voie rapide et du cours Albert-Ier, aucun moyen de surveillance vidéo, ni après le tunnel de l'Alma.

Restent les caméras de circulation, reliées à la Compagnie de circulation urbaine de Paris, dont les bureaux ferment à 23 heures ! Les images sont diffusées simultanément dans la salle de commandement de la sécurité publique (SIC) de la préfecture de police, mais en direct, sans système d'enregistrement. Les officiers et gardiens de la paix qui veillent toute la nuit dans cette salle sont interrogés.

Le brigadier Pascal Poulain, qui occupe le poste de commandant de salle, reçoit à 0 h 37 l'appel d'un des véhicules de maraude (TI 17) qui signale un accident grave sous le tunnel de l'Alma, « impliquant une personnalité ». Le brigadier déclenche aussitôt le dispositif d'alerte des services de police et de secours [1]. « Nous avons essayé de voir les lieux, avec la caméra de la place de l'Alma. Cela fut impossible, l'écran ne retransmettait qu'une lumière jaune floue. »

---

1. Un premier appel sur le numéro des sapeurs-pompiers « 18 » est reçu à 0 h 26, provoquant le départ des deux premiers véhicules de secours dans les quatre minutes suivantes. Ils arriveront sur les lieux deux minutes plus tard. Le premier appel à police secours « 17 » est reçu à 00h29'39".

Chou blanc sur toute la ligne.

Le lieutenant Gigou ne se décourage pas et étend ses investigations à la brigade des motards de la PP, mais aucun « radar » n'a été installé dans Paris cette nuit-là. En revanche, sur le périphérique, deux radars ont été mis en place dos à dos à la porte de Bagnolet. L'étude (fastidieuse) des pellicules ne révélera aucune trace d'une Fiat Uno. Quant aux deux feux tricolores équipés d'appareils photo (qui se déclenchent en cas de franchissement au rouge) avenue Foch et rue du Faubourg-Saint-Jacques... leurs pellicules étaient épuisées.

Le lieutenant Gigou conclut son rapport par le constat qu'aucun système vidéo n'a pu filmer ni la Mercedes, ni de Fiat Uno ce soir-là.

Entre-temps, les gendarmeries comme les commissariats de l'ouest de Paris sont chargés de procéder au recensement des Fiat Uno. Une trentaine de policiers de la Criminelle se dispersent dans plus de cent vingt et une communes et vérifient sur place l'identité des propriétaires et l'état de leur véhicule. Cette opération, l'une des plus grosses réalisées en France au cours d'une enquête, va permettre de contrôler plus de 3 000 véhicules.

En vain.

Pourtant, les policiers de la brigade criminelle penseront coincer leur homme. Il s'agit d'un certain Le Van Thanh, âgé de 22 ans, monteur en robinetterie, qui pendant les week-ends effectue des gardes d'entrepôt avec son chien « Max », un rottweiler, pour le compte de la société de gardiennage S.I.S. Le jeune homme, qui vit en région parisienne, est propriétaire d'une Fiat Uno de couleur blanche qu'il vient de faire récemment repeindre en rouge.

Le 13 novembre, au petit matin, il est rudement interpellé à son domicile par le GIGN, ses deux chiens mis en fourrière, et le voici conduit dans les locaux de la brigade criminelle.

Le suspect ne semble pas du tout impressionné par sa spectaculaire arrestation. Au contraire, il répond de bonne grâce aux questions du lieutenant Dumas.

Et il a réponse à tout.

Tout d'abord, il a un alibi en béton. La nuit de l'accident, Le Van Thanh ne pouvait pas être sous le pont de l'Alma puisqu'il était de garde, pendant le week-end, au CAT, l'un des immenses parkings de voitures Renault neuves du port de Gennevilliers.

Et il peut le prouver.

Il effectuait son service avec un collègue ainsi que l'atteste le cahier de contrôle qu'ils ont signé tout les deux. Bien que Le Van Thanh ne soit qu'intérimaire, son collègue plus âgé, lui, est salarié de la société de gardiennage, et peut confirmer sa présence.

Quand a-t-il fait repeindre sa voiture ? Il ne se souvient pas exactement : « Deux ou trois mois... » Où ça ? Dans le garage d'un certain Philippe, dans une cité de Pontoise. Il ne saurait pas le retrouver, toutes les cités se ressemblent. Qui a fait les travaux ? Son frère Tien, qui a un compresseur et du matériel de carrossier pour bricoler le week-end. Comment a-t-il payé? En liquide, bien sûr. Comme la peinture, qu'il a achetée au BHV de Villeneuve-la-Garenne et payée en espèces. Quand? Il ne se souvient pas.

Les policiers éprouvent les plus grands doutes sur la sincérité du jeune homme et le placent en garde à vue le temps de vérifier son alibi.

Le cahier de contrôle porte bien sa signature et le détail des rondes qu'il a effectuées avec son chien, comme celles de son collègue qui confirme absolument sa présence ininterrompue pendant le week-end.

La carrosserie de la voiture est fraîchement repeinte en rouge vif et il est impossible de vérifier si elle présente d'anciennes traces de rayures, même si le travail est visiblement celui d'un amateur. La tranche des portières n'a pas été repeinte et a gardé sa peinture blanche originelle. Quant au feu arrière gauche, il est intact, d'un modèle standard et identique au feu droit.

Malgré leurs doutes, les policiers se heurtent à la détermination du jeune homme, appuyé par le témoignage de son collègue et le manque d'indices indiscutables.

Deux mois et demi se sont écoulés depuis l'accident, et Le Van Thanh aurait pu avoir tout loisir de dissimuler les traces – légères – de l'accrochage, et surtout de bétonner son alibi. Les arrangements entre gardiens le week-end ne sont pas rares, surtout sur des sites comme celui de Gennevilliers, protégés par de solides clôtures et des dispositifs contre le vol des voitures. La présence de gardiens sert avant tout à prévenir les intrusions intempestives et à dissuader les actes de vandalisme.

À l'issue de sa garde à vue, les policiers sont contraints de le relâcher. Leur siège est fait.

Ils sont persuadés qu'il était bien sous le tunnel ce soir-là et rentrait tranquillement vers Gennevilliers après avoir passé un moment à Paris, peut-être dans le 13e arrondissement. Ce n'est ni un paparazzi, ni un agent du MI6, mais un simple automobiliste au mauvais endroit, au mauvais moment.

Son comportement erratique, décrit par le couple Dauzonne, indique qu'il a été choqué par l'accident et sa fuite s'explique par son absence illégale de son lieu de travail.

Victime de l'accrochage avec la Mercedes conduite par M. Paul, il n'est pas responsable de ses conséquences. Par la suite, constatant que personne n'avait relevé son numéro, ni même la présence de sa voiture dans le tunnel, il aurait pu convaincre son collègue de le couvrir. Une requête d'autant plus facile que celui-ci risquait son job en reconnaissant sa complicité dans cette absence illégitime. Il ne lui serait plus resté qu'à maquiller sa voiture et changer le feu arrière, faisant ainsi disparaître les traces de l'accrochage.

Le Van Thanh a réussi à se tirer habilement d'une situation délicate, pensent les enquêteurs. Il n'a, jusqu'ici, jamais eu affaire à la justice, et ce qu'on peut lui reprocher n'est pas suffisant pour entamer une procédure aléatoire.

Le principe de réalité est appliqué, avec l'accord tacite des instances judiciaires. Officiellement, la brigade criminelle n'a – toujours – pas réussi à mettre la main sur le conducteur de la Fiat Uno. Officieusement, elle met subrepticement fin à l'opération de recherche, bien qu'il reste encore plus d'un millier de véhicules à vérifier[1].

Le maintenir en détention sans preuve serait s'exposer à de fâcheuses accusations. La plus probable étant que la police tente d'incriminer un « innocent » pour protéger les « vrais coupables ». Mohamed Al-Fayed veille, et avec lui les gardiens de la théorie du complot. Lorsque l'orientation de l'enquête ne colle pas avec sa thèse, le milliardaire n'hésite pas à intervenir par le biais de ses avocats, ses enquêteurs, et ses déclarations tonitruantes.

Le père de Dodi a d'ailleurs déniché lui-même le coupable idéal. Il en présente toutes les caractéristiques : il est photographe, il a une Fiat Uno blanche et un nom anglais, James Andanson. Qu'importe qu'il soit français, cofondateur de l'agence Sygma et que sa vieille Fiat (372 000 km au compteur et sans assurance depuis 1995) serve de pondoir à ses poules dans sa propriété de Lignières dans le Cher.

---

1. Cette incohérence dans l'instruction du juge Stephan sera pointée par l'enquête britannique.

Qu'importe qu'il y ait passé la nuit du 30 au 31 août, en famille, à 170 km de Paris. Qu'importe qu'il se soit rendu en BMW directement à Orly, tôt le matin, pour un rendez-vous photo avec Gilbert Bécaud en Corse ! Al-Fayed le poursuit de sa vindicte et bien qu'aucun élément ne puisse le rattacher à l'accident, la brigade criminelle est contrainte, pour éteindre la rumeur, de l'interroger sur son emploi du temps et de faire vérifier par les experts l'état de sa guimbarde[1].

Débarrassée de la recherche – coûteuse en hommes – de la Fiat Uno, la Criminelle peut se consacrer à approfondir l'essentiel de l'enquête.

Une deuxième audition du seul témoin vivant, Trevor Rees-Jones, s'impose absolument. Une première audition à l'hôpital par le juge Stephan avait été décevante. Parlant difficilement en raison de ses graves blessures à la mâchoire, le garde du corps, frappé d'amnésie post-traumatique, ne gardait aucun souvenir des circonstances de l'accident. La Criminelle a pourtant besoin de son témoignage pour confirmer les nouveaux faits mis à jour.

Trevor Rees-Jones est un ancien militaire du 1st Battalion, Parachute Regiment, âgé de 39 ans. Il a été engagé en 1995 par Mohamed Al-Fayed et affecté comme garde du corps personnel de Dodi. Le milliardaire s'est entouré d'une quarantaine de

---

1. Les spéculations repartiront de plus belle après le suicide d'Andanson en l'an 2000. On retrouvera son corps carbonisé dans sa BMW, sur le plateau du Larzac.

bodyguards issus des commandos de l'armée britannique, pour se protéger « de dangers imaginaires [1] »,
dixit Rees-Jones.

Le Pr Guilbert, chef du service de stomatologie
de la Pitié-Salpêtrière, ayant autorisé la visite, le
commandant Joseph Orea et son équipe retrouvent
le seul survivant dans sa chambre d'hôpital. S'il a
récupéré de manière satisfaisante de ses multiples
fractures à la face, l'homme n'a toujours pas recou-
vré la mémoire. Néanmoins, Trevor Rees-Jones – qui
s'est porté partie civile – a retrouvé une certaine
élocution et un meilleur état général que lors de sa
première audition.

Lorsqu'on lui demande de retracer la journée du
30 août, depuis l'aéroport du Bourget, il décrit l'état
d'esprit du couple après leur descente d'avion : « La
princesse et Dodi étaient très heureux d'être à Paris,
ils n'étaient pas du tout inquiets, et la présence des
paparazzi ne semblait pas les gêner. » Tout le monde
s'engouffre dans les deux voitures, lui s'installe à
l'avant de la Mercedes 300, conduite par le chauffeur habituel de Dodi, son adjoint Wingfield, dans la
Range Rover avec Henri Paul. Les deux gardes sont
en contact radio et, précise-t-il, « à la demande de
Dodi, la Mercedes a accéléré pour semer la presse ».
La manœuvre – bel échantillon des habitudes de
Dodi – est exécutée avec la complicité de Paul, qui
ralentit pour leurrer les photographes.

---

1. *Garde du corps*, Trevor Rees-Jones, JC Lattès, 2000.

Après une rapide escale – d'une demi-heure – à la Villa Windsor où les rejoint la Range, le cortège se dirige vers le Ritz et débarque le couple, rue Cambon.

Trevor poursuit : « J'ai demandé à la princesse quel était le programme de la soirée : elle m'a parlé d'une éventuelle sortie au restaurant. Au Ritz, pendant qu'elle était chez le coiffeur, j'ai accompagné Dodi – en voiture – chez un joaillier de la place Vendôme. J'ai attendu dehors, puis l'ai raccompagné. » Les deux hommes rentrent par l'entrée principale sans que les paparazzi ne s'intéressent à eux.

Quelle était la fonction exacte de Rees-Jones ? interrogent les policiers. « J'étais l'officier de sécurité de Dodi. Mais si Dodi décidait de changer les règles, nous faisions comme il le décidait. C'était le patron et il prenait une part active aux mesures de sécurité. En outre, nous ne connaissions pas toujours son programme à l'avance. Il n'y avait que lui qui le savait. »

En fin d'après-midi, le couple décide de retourner à l'appartement de la rue Arsène-Houssaye. Le garde, pour leur ménager un peu d'intimité, laisse le couple partir seul dans la Mercedes, et grimpe avec Wingfield dans la Range Rover conduite par Jean-François Musa. « Durant le trajet, nous avons été suivis de très près par les journalistes. À un moment donné, ils nous ont même précédés, mais il n'y a pas eu d'incident. » Trevor reconnaît leur avoir demandé de ne pas prendre de photos durant le trajet, notamment aux carrefours et aux feux. «Ils nous ont écoutés. Juste avant notre arrivée, j'avais prévenu la sécurité pour qu'ils ouvrent les portes de l'immeuble. C'est à ce moment-là qu'il y a eu un accrochage entre un des gardes français et un journaliste. Nous avons fait rentrer le couple et je suis revenu devant pour calmer les esprits.»

Dodi ayant décidé de dîner à l'extérieur, Trevor prend ses dispositions pour que les véhicules soient prêts. Mais le départ n'a pas lieu à l'heure prévue et s'ébranle une heure plus tard. Dodi et Diana ne sont pas dans les même dispositions d'esprit que dans l'après-midi. «Ils étaient un peu nerveux», commentera pudiquement Rees-Jones, qui préfère laisser le couple seul avec le chauffeur dans la Mercedes. «Le majordome m'avait dit que le couple dînait au restaurant, mais je ne savais pas lequel. Dodi donnait les instructions au chauffeur. Lui seul connaissait notre destination.»

Rees-Jones la découvre en se retrouvant devant l'entrée principale du Ritz, place Vendôme. «Wingfield et moi avons couru ouvrir les portières de la Mercedes. Mais les photographes se sont précipités et nous avons dû les refermer précipitamment. Ensuite, nous les avons repoussés et le couple a pu sortir et s'engouffrer dans l'hôtel. Cette bousculade a fortement déplu à Dodi qui l'a fait savoir[1].» Les

---

1. Dodi va convoquer le directeur de nuit du Ritz, Thierry Rocher, pour lui demander vertement des explications, sans

deux gardes du corps sont, eux aussi, blâmés par un Dodi Al-Fayed exaspéré, qui perd la maîtrise de la situation.

Il décide de dîner au restaurant l'Espadon – bondé ce soir-là – où le personnel s'affaire pour leur dresser une table. La clientèle du palace a beau être blasée, leur entrée fait tout de même sensation. Pendant ce temps-là, les deux gardes du corps – avec l'aide du service de sécurité de l'hôtel – font refouler les photographes et la foule de l'autre côté de la contre-allée. Badauds et touristes attirés par les flashes ont envahi les abords de l'hôtel, gênant la circulation. Des clients du Ritz se plaignent de cette promiscuité et des bousculades s'ensuivent. Des touristes déclenchent leurs appareils photo et leurs caméras chaque fois que quelqu'un sort. L'un des agents de sécurité, François Tendil, inquiet de cette confusion générale, téléphone à Henri Paul, qui décide de revenir à l'hôtel.

Alors que Rees-Jones et Wingfield, leur mission achevée, retournent à l'intérieur pour se restaurer au bar, ils aperçoivent le couple qui ressort précipitamment du restaurant, de fort mauvaise humeur. Ils ont à peine pris le temps de commander que Diana, irritée par les improvisations de son compagnon, refuse

---

tenir compte du fait qu'il a changé lui-même de destination au dernier moment. Il n'était pas du tout attendu au Ritz, mais au restaurant Benoit, rue Saint-Martin (4ᵉ), où patientait depuis une heure Claude Roulet, le directeur du Ritz.

d'être le point de mire de l'assistance. Les deux gardes du corps les escortent jusqu'à la suite impériale au premier étage et retournent au bar. « Dodi m'a juste dit d'aller dîner sans donner d'explications sur la suite du programme. » Rees-Jones n'en dira pas plus sur l'humeur de son patron ni sur celle de Diana.

Les gardes s'installent table n° 1 au Bar Vendôme et commandent leur dîner. Deux homards servis sur des tartines grillées, des pommes allumettes et des pâtisseries, accompagnés de Schweppes tonic et suivis de deux cafés. Ils sont rejoints par Henri Paul qui s'attable avec eux et commande un Ricard qu'on lui sert avec une carafe d'eau. À Wingfield intrigué qui demande ce que c'est, il répond en plaisantant : du jus d'ananas. Rees-Jones assure, lui, devant les enquêteurs : « Je ne sais pas ce que c'était, c'était de couleur jaune. »

Il est peu vraisemblable que Trevor, qui accompagne Dodi depuis plusieurs années à Paris, ne sache pas ce qu'est un Ricard. Il est probable qu'il n'ait pas voulu admettre qu'Henri Paul avait consommé de l'alcool en sa présence. D'autant que le responsable de la sécurité se fait servir un deuxième verre[1] ! Quand le policier lui fait remarquer que M. Paul

---

1. Le ticket de caisse 4891, daté du 30/08/97 à 22 h 06, récapitule les plats et les boissons et mentionne bien deux Ricard. L'addition, qui se monte à 1 260 francs (192 euros), est enregistrée sur le compte de la suite impériale.

n'était pas de service à ce moment-là, Trevor répond vertement : « Pour moi il était au Ritz, donc il était en service ! »

À la fin du repas, vers 23 heures, les deux gardes remontent à l'étage et attendent devant la porte de la suite impériale. Quant à Paul, il continue de faire des va-et-vient entre le premier étage et le rez-de-chaussée.

La décision de Dodi d'utiliser une troisième voiture pour quitter le Ritz serait intervenue « une demi-heure après que le couple s'est installé dans la suite impériale » selon les dires de Thierry Rocher, chargé de la sécurité de nuit du palace. Il assure en avoir reçu l'ordre au cours d'une brève conversation avec Dodi d'une minute et demie, filmée par les caméras de sécurité à 22 h 19. Il prétend également avoir transmis cette information « confidentiellement » à Henri Paul.

Étrangement, aucune disposition n'est prise à ce moment-là pour trouver une troisième voiture ni un chauffeur. Les gardes du corps n'en sont pas avertis, et M. Paul, qui boit avec eux, n'en fait pas état[1].

Au contraire, Rees-Jones explique que Dodi les a prévenus environ trente minutes avant le départ : « Dodi est sorti. Paul était présent. Dodi nous a dit

---

1. Une déclaration qui arrange bien Mohamed Al-Fayed et sa thèse du complot. Ce délai donnerait un peu plus de temps aux « saboteurs » pour préparer un attentat. Thierry Rocher ne peut pas être contredit : les deux témoins sont morts.

qu'il fallait une troisième voiture, à l'arrière de l'hôtel, et deux voitures devant le Ritz qui serviraient de
leurre. Je n'étais pas content, car Dodi séparait les
deux officiers de sécurité, mais je me suis adapté.
C'est également Dodi qui a décidé que M. Paul
conduirait la voiture. »

À partir de ce moment, l'agitation s'empare du
staff de l'hôtel. Trevor reste de garde devant la suite
tandis qu'Henri Paul descend au rez-de-chaussée,
visiblement à la recherche de Wingfield. Les caméras enregistrent plusieurs conciliabules entre le service de sécurité, les gardes du corps et le personnel
de l'hôtel. Il s'avère que la recherche urgente d'une
troisième voiture est plus compliquée que prévu.

Jean-François Musa, qui patiente dehors avec
Dourneau, l'autre chauffeur, est convoqué dans le
hall : on lui demande s'il a une limousine disponible.
La Mercedes S280 de sa petite société est garée dans
le parking de la place Vendôme depuis le début de
la soirée, après avoir été utilisée toute la journée. Il
demande les clefs au « doorman » et les remet à un
chasseur.

Jean-François Musa s'inquiète du chauffeur.
Lorsqu'on lui répond que c'est M. Paul, il tique,
sachant que celui-ci n'a pas la licence de « Grande
Remise », et propose de prendre sa place. On lui
rétorque que ce n'est pas possible : le but de la
manœuvre étant de leurrer les photographes, il
ne faut rien changer au dispositif place Vendôme.
Ordre de Dodi. Musa s'incline : sa société travaille

exclusivement pour le Ritz. Pendant ce temps, Rees-Jones, remplacé par Wingfield devant la suite, s'aventure dans les couloirs pour effectuer une reconnaissance du trajet jusqu'à la porte de la rue Cambon. M. Paul, lui, sort pour fumer une cigarette et plaisante avec les journalistes, leur indiquant par signes que le départ est imminent.

Vers 23 h 45, la Mercedes, suivie de la Range Rover, démarre et effectue à petite vitesse le tour de la place Vendôme. C'est une initiative de Philippe Dourneau pour accentuer la confusion chez les photographes.

Dodi et Diana quittent la suite à 0 h 05.

« Lorsque la princesse et Dodi sont partis avec moi, Paul n'était pas là. Il était dans le hall de l'hôtel et il a fallu que nous l'appelions. » Dodi, Diana et Wingfield, précédés par Rees-Jones, empruntent les couloirs et l'ascenseur du premier étage pour gagner l'arrière de l'hôtel. Quand ils arrivent à la porte, ils sont rejoints par Henri Paul qui est passé par le long corridor du rez-de-chaussée. La princesse et Dodi semblent de meilleure humeur, sourient, visiblement enchantés du bon tour qu'ils vont jouer aux paparazzi.

La Mercedes n'est pas encore arrivée quand Wingfield les quitte et repart en direction de l'entrée principale.

Pendant que le couple patiente, la princesse en profite pour saluer Henri Paul en plaisantant. Il est aux anges. Rees-Jones sort dans la rue pour évaluer la situation. «J'ai repéré deux ou trois journalistes, avec une petite voiture claire et peut-être un scooter. En fait les photographes étaient très peu nombreux.»

La limousine arrive.

Henri Paul se précipite pour remplacer le voiturier ; Rees-Jones fait monter très vite le couple et s'installe à l'avant. Aucun des occupants ne boucle sa ceinture. Les photographes accourent, prennent quelques photos à travers les vitres, puis s'empressent de rejoindre leurs véhicules.

Il est 0 h 17.

La Mercedes S280, conduite par un Henri Paul hilare, quitte l'hôtel Ritz pour son dernier voyage.

Chapitre 12

L'épave, retirée du tunnel par un camion des services techniques de la préfecture de police, n'est plus qu'un tas de ferraille. *A shit-box*, dirait Kojak. Le moteur, fendu en deux par le coin du pilier n° 13, a laissé un V béant, ourlé des lèvres froissées du capot. Le pare-chocs n'est plus qu'une abstraction, et le pare-brise émietté évoque une monstrueuse toile d'araignée enfoncée dans l'habitacle. La roue avant droite porte les stigmates du choc sur le terre-plein et tout le côté gauche, les vestiges de sa violente rencontre avec le mur.

Les pompiers ont largement contribué à parfaire le délabrement en découpant à la meuleuse les montants du toit pour désincarcérer le passager avant, et dégager le corps du conducteur. À l'intérieur, le spectacle est glaçant. Le volant est redressé à la verticale, le tableau de bord en miettes. Le bloc moteur éclaté, laissant bielles et pistons à découvert, a reculé jusqu'à ne laisser « qu'une place infime à l'emplacement initial des jambes conducteur et passager avant[1] ». Ultimes vestiges du drame, les deux airbags dégonflés, qui pendent, inertes, tachés de sang.

Par contraste, à l'arrière, les deux ailes, le pare-chocs et le coffre sont intacts et seul le pot d'échappement, qui s'est détaché de ses brides, rappelle la violence du choc. La portière droite a été découpée pour faciliter l'extraction de la princesse et du corps de Dodi. Le siège avant a reculé jusqu'à l'ultime butée, le revêtement du dossier a disparu, laissant apparaître les barres métalliques de rigidité enfoncées vers l'avant. Dans l'espace réduit qui subsiste entre les sièges – où la princesse a bénéficié d'un refuge précaire –, les tapis de sol ont volé, et les débris de verre Securit dessinent encore l'empreinte de son corps. La banquette, encadrée par les ceintures de sécurité intactes dans leurs enrouleurs, est maculée de sang.

La Mercedes S280 immatriculée 688 LTV 75, appartenant à la société Étoile Limousine, est enregistrée dans la procédure comme pièce à conviction n° 5. Puis, elle est entreposée au garage Macdonald de la préfecture de police, musée des douleurs, où les carcasses accidentées s'alignent comme les compressions d'un artiste possédé.

En se déplaçant le 10 septembre dans la matinée boulevard Macdonald pour inspecter l'épave, le juge

---

1. Capitaine Bechet, brigade criminelle.

Stephan est accompagné de quatre officiers et sous-officiers de la gendarmerie. Le magistrat instructeur a décidé de confier l'expertise des cinq pièces à conviction[1] à l'Institut de recherche criminelle de la gendarmerie nationale. Judicieuse décision : les experts et les laboratoires de la GN sont les plus pointus en criminologie. Néanmoins, la mission qu'il leur confie est le reflet de ses préoccupations immédiates : prouver indubitablement que cet accident de la circulation ne camoufle pas un attentat.

Le juge concentre donc ses instructions sur l'identification de «l'autre» véhicule impliqué dans l'accident[2], et sur la présence éventuelle d'indices de manipulation sur la limousine. Un hypothétique sabotage ne peut avoir été perpétré que peu de temps avant l'accident : l'enquête va donc se concentrer sur l'histoire immédiate de la voiture.

Ce choix va orienter les investigations dans une direction qui occulte tout un versant du passé de cette voiture[3].

---

1. Les quatre premiers numéros sont attribués aux différents débris retrouvés sur la chaussée.
2. La Fiat Uno.
3. L'enquête britannique sur «les allégations de conspiration» fera la même impasse dix ans plus tard. Le rapport sur l'opération Paget consacre son chapitre 6 à la Mercedes et conclut : «Both the French and British examinations of the Mercedes have shown that there were no mechanical issues with the car that could have in any way caused or contributed to the crash.»

À la décharge du juge Stephan – qui a livré une enquête exemplaire –, il faut restituer le climat délétère baignant chacune de ses décisions, aussitôt contestées par Mohamed Al-Fayed, ses avocats, son service de presse et relayées par les media.

De nombreux indices auraient pu, tout de même, alerter les enquêteurs, s'ils n'avaient été noyés dans le tintamarre médiatique orchestré par le milliardaire.

L'enquête menée par Pascal Rostain et Bruno Mouron sur l'histoire cachée de cette « pièce à conviction n° 5 » est une des révélations de ce livre.

Très tôt, une information est dévoilée dans la presse : la Mercedes a été volée, quatre mois avant l'accident. Les circonstances sont déjà connues de la Criminelle qui, dès le 1er septembre, a interrogé son propriétaire, Jean-François Musa, le patron d'Étoile Limousine.

Le 21 avril 1997, Philippe Siegel, chauffeur de Grande Remise, porte plainte à la 1re DPJ. La veille, vers 22 h 05, alors qu'il gare sa Mercedes, après avoir déposé des clients chez Taillevent rue Lamennais, il est attaqué par trois individus cagoulés qui le menacent avec une arme. Les trois hommes l'extirpent brutalement de son siège, s'emparent de la Mercedes et s'enfuient à son bord. Poursuivis par une voiture de police, ils parviennent à la semer sur le périphérique. La limousine est retrouvée une quinzaine de jours plus tard, abandonnée sur l'A3 à côté de Montreuil, dépouillée de plusieurs pièces mécaniques et de carrosserie ainsi que des circuits électroniques.

Jean-François Musa avait fait mention de cet épisode lors de son interrogatoire, quai des Orfèvres : «Elle m'a été restituée le 19 juin. Je l'ai fait réparer chez le concessionnaire Mercedes Bosquet-Bauer, à Saint-Ouen. » À l'appui de ses dires, Musa remet à l'inspecteur une facture de 28 feuillets qui est annexée au procès-verbal. L'addition est salée : 114 666,14 francs, soit 17 481 euros, mais, précise son propriétaire, « je l'avais achetée un an auparavant, le 30 août 1996, chez le concessionnaire Mercedes Austerlitz. Elle n'avait que 11 000 kilomètres au compteur. Elle était sous garantie occasion, comme "voiture de collaborateur" : c'était le véhicule personnel du directeur de Mercedes France ».

Ce vol fait la une des journaux et les affaires de Mohamed Al-Fayed, qui y voit une « preuve de plus » renforçant sa théorie du complot. Pourquoi ne serait-ce pas le MI6 qui aurait volé la voiture pour la saboter ?

Mais Jean-François Musa n'a pas dit pas toute la vérité aux enquêteurs. Ce qu'il nous avouera vingt ans après[1], lorsque nous l'interrogerons sur l'état réel de l'automobile.

« Il y avait un problème avec cette voiture. Un problème de tenue de route. Et ce depuis le début. À

[1]. Entretien avec Restain, Mouron et Caradec'h, 24 mai 2016.

partir d'une certaine vitesse et selon la qualité de la chaussée, elle avait tendance à flotter. »

Jean-François Musa, qui est chauffeur de Grande Remise, a longtemps travaillé comme employé du Ritz, avant que sa hiérarchie lui suggère de créer sa propre société de location de limousines en échange d'un contrat d'exclusivité. La direction du Ritz, qui travaille avec plusieurs compagnies de location, y trouve son compte. Elle s'attache – à domicile – une petite société dont les chauffeurs et les véhicules sont aux ordres, à n'importe quelle heure du jour et de la nuit. Une disponibilité que recherchent de riches clients étrangers, prêts à payer le prix pourvu qu'ils soient servis dans la minute.

Étoile Limousine remplit cet office à la satisfaction générale, ce qui permet à Jean-François Musa d'élargir son parc automobile. Le critère absolu de cette clientèle associe luxe et sécurité, et les véhicules haut de gamme Mercedes sont très prisés – pour ne pas dire plébiscités – par la grande majorité des habitués. Seuls Rolls-Royce et Bentley parviennent à s'aligner. « En France à cette époque, comme aujourd'hui d'ailleurs, on ne jure que par Mercedes dans le business. »

La Classe S a été conçue début 90 dans les usines Daimler-Benz de Stuttgart sous la dénomination technique W140. C'est un nouveau modèle haut de gamme suréquipé et doté de plusieurs innovations technologiques. Sa naissance s'est faite dans la douleur, d'importants retards de mise au point ont entraîné un dépassement de coût de plus d'un million de dollars et la démission de l'ingénieur en chef de Daimler-Benz, Wolfgang Peter[1]. Elle est commercialisée en 1991, mais ses débuts sont difficiles. Mercedes présente un modèle « relooké » en avril 1994 au Salon de Genève, pourvu de série d'un système anti-patinage (ASR) et d'une nouvelle dénomination S280 (W140).

C'est ce modèle, sous garantie occasion, qui est vendu par le concessionnaire Mercedes boulevard Saint-Marcel à Jean-François Musa comme voiture de collaborateur. Un mois plus tard, en octobre 1996, son propriétaire renvoie le véhicule au garage. « La Mercedes avait un problème de tenue de route et j'ai demandé qu'on vérifie le parallélisme. » Les travaux sont effectués mais le problème n'a pas disparu. En mai 1997, la voiture repart chez le concessionnaire. Cette fois-ci, on vérifie la direction et le système d'amortisseurs. Avec les mêmes résultats. Ce que confirme Karim Kazi, le chauffeur habituel de la Mercedes jusqu'au mois de juin 1997, date à laquelle il démissionne pour se mettre à son compte[2]. Cet ancien chauffeur du Ritz a suivi Musa lors de la création d'Étoile Limousine et travaille dans sa société depuis le début. « C'était une voiture "à poisse", je l'ai senti dès le début », déclare d'emblée le jeune

---

1. Revue spécialisée *Motor Trend*, 2007.
2. Entretiens avec Karim Kazi, 3 juin 2014, 10 mai et 9 décembre 2016.

homme titulaire de l'agrément de Grande Remise et d'une accréditation du ministère de la Défense qui l'autorise à piloter en situation périlleuse. «J'ai beaucoup roulé avec cette voiture. Je ne la sentais pas et je redoublais d'attention quand j'étais au volant.» Karim ne s'est pas contenté de circuler dans Paris, il aussi emmené ses clients visiter les châteaux de la Loire, ou en Normandie jusqu'aux plages du débarquement, très prisées par les Américains. «À chaque fois, il y avait de petits problèmes. Je ne peux pas vous les décrire, ce sont des sensations de conduite. En certaines circonstances, la voiture ne réagissait pas comme on pouvait s'y attendre. À grande vitesse, elle devenait imprévisible.» Kazi comme Musa sont des chauffeurs professionnels qui connaissent les caractéristiques des véhicules qu'ils pilotent régulièrement. Ce défaut diffus qu'ils constatent sur cette voiture est assez perceptible pour les alerter, mais pas suffisamment pour l'identifier.

Leur Mercedes S280 a un vice caché.

Quand on s'étonne que ce défaut dans la tenue de route n'ait jamais été mentionné au cours des deux enquêtes française et anglaise, pourtant particulièrement fouillées l'une comme l'autre, voici ce qu'ils répondent. Pour Karim Kazi, qui a été entendu par les enquêteurs à propos d'une fausse rumeur[1] colportée par un de ses clients: «Après l'accident, une parano s'était installée au Ritz.

---

1. Voir chapitre 5 de ce livre.

Comme je ne faisais plus partie de l'hôtel, d'autres chauffeurs m'ont dit : "Parles-en, toi, tu ne risques rien !" Ceux qui ont été interrogés par la police ont même suggéré : "Demandez à Karim. Il connaissait bien la voiture !" Mais les policiers ne m'ont pas posé de questions sur ça. Et moi, je ne voulais pas porter préjudice à Étoile Limousine. Je me suis abstenu. »

Quant à Jean-François Musa, il est plus direct encore [1] : « J'étais en contrat d'exclusivité avec le Ritz. Je ne pouvais rien dire : jusqu'alors les clients étaient contents et je voulais régler le problème moi-même. Après l'accident et le bordel qui a suivi, j'ai eu peur qu'on m'accuse à mon tour. Si j'en parle maintenant c'est pour une bonne raison. Quand Mohamed Al-Fayed a fermé le Ritz pour les grands travaux de rénovation en 2012, il a licencié tout le monde. À sa réouverture, il n'a pas voulu signer un nouveau contrat avec ma société. Peut-être par ressentiment... donc je ne suis plus tenu par les clauses de confidentialité. Je ne lui dois plus rien. »

Karim Kazi ne cache pas sa rancœur : « Après le vol de la Mercedes, j'ai dit à Musa : profites-en pour te débarrasser de cette voiture. Elle n'arrête pas de nous attirer des problèmes. Résultat, après avoir passé un mois en réparation au garage, elle avait toujours les mêmes défauts. »

---

1. Entretien avec l'auteur, 24 mai 2016.

Mais cette fois-ci, Jean-François Musa se fâche :
« Je me suis engueulé plusieurs fois au téléphone
avec l'atelier de Mercedes-Bosquet. Ils refusaient
de m'écouter, disaient qu'ils avaient tout vérifié
et que la voiture était en bon état. Alors, je leur ai
envoyé une lettre recommandée au mois de juillet,
dont j'ai gardé le double. J'écris que cette voiture
est dangereuse et qu'il faut qu'elle soit révisée
entièrement. »

Cette lettre restera sans suite.

« Vous savez comment j'ai appris la mort de Diana
et de Dodi ? conclut Karim. Je dormais quand j'ai été
réveillé par le coup de téléphone d'un de mes bons
clients, un cheikh du Golfe. Il croyait que j'étais
toujours le conducteur de la S280 avec laquelle je
l'avais transporté plusieurs fois. La première chose à
laquelle j'ai pensé en apprenant l'accident : "Putain,
ça devait arriver ! Cette caisse est maudite !" »

Karim ne croit pas si bien dire.

Nul besoin d'aller interroger le directeur de
Mercedes France, que le concessionnaire Austerlitz
a présenté à Jean-François Musa comme le premier
propriétaire de la S280. Cette voiture n'a jamais fait
partie du parc de voitures des cadres supérieurs de
Mercedes France.

Pour la bonne raison que nous avons retrouvé le
premier propriétaire de la limousine.

Il s'appelle Éric Bousquet, et est PDG de Business,
une agence de publicité peu connue du grand

public mais leader de la production de spots publicitaires pour la télévision.

Éric Bousquet ne figure dans aucun des rapports d'enquête de la Criminelle, ni plus tard dans celui de l'opération Paget dirigée par Sir John Stevens.

La seule fois où il a été interrogé par des policiers, c'est à l'époque de l'enquête britannique, à son domicile, par deux inspecteurs français. Il avait été identifié grâce au numéro de série de la S280 comme étant le titulaire de la première immatriculation. Ce sont ces policiers qui lui apprennent – à sa grande stupéfaction – que la Mercedes du tunnel de l'Alma est son ancienne limousine.

« Je n'ai jamais aimé cette voiture, me déclare-t-il d'emblée[1]. Je l'ai achetée, en septembre 1994, sur un coup de tête. J'étais un jeune patron, je voulais une voiture de PDG. Mais elle était trop massive, trop lourde, elle partait du cul. De plus, elle n'avait pas assez de reprise à cause du moteur d'entrée de gamme. C'était le plus petit : 2,8 litres. » Et puis, il ajoute dans un sourire : « Tous mes copains se foutaient de ma gueule ! »

La suite est moins amusante.

« Quelque temps après, en décembre, je me faisais cirer les chaussures chez Babin, rue de Ponthieu, lorsque mon chauffeur Umberto arrive catastrophé : "Monsieur, on vient de me voler la voiture !" On

---

1. Entretiens avec l'auteur, 17 octobre 2015, 10 mai et 9 décembre 2016.

lui avait fait le coup classique de la "poussette"[1]. Lorsqu'il est sorti de la voiture, un type a pris sa place et embarqué le véhicule. Je le console en lui disant : "Tant mieux, j'en voulais plus de cette caisse !" Et je me suis rassis pour qu'on finisse de cirer ma deuxième chaussure. Babin était scié : "C'est la première fois que je vois quelqu'un se faire voler sa voiture et le prendre aussi bien !" En fait, j'étais bien assuré et je m'en foutais de cette bagnole. »

La Mercedes est assurée par le courtier en assurances Bernard Chilton (SOCOPAC), un honorable cabinet parisien qui commercialise, à l'époque, les assurances du GAN. L'assureur accepte – il n'a pas le choix – de rembourser le préjudice.

L'épilogue devient alors carrément sinistre.

« La gendarmerie me prévient quelques semaines plus tard qu'on vient de retrouver la voiture. Elle gît dans un champ du côté de Roissy, à proximité de la maison d'arrêt de Villepinte. » Les gendarmes soupçonnent qu'elle a servi à ramener un détenu en permission, mais il n'y avait plus personne à leur arrivée, ni d'autres voitures accidentées, ni aucun témoin. La Mercedes S280 est sortie de route à grande vitesse, s'enfonçant comme une charrue dans le champ après avoir effectué plusieurs tonneaux. Elle est dans

---

1. Guet-apens qui consiste à percuter légèrement un automobiliste à l'arrière. Le propriétaire descend pour constater les dégâts. Un complice s'installe au volant et s'enfuit avec le véhicule.

un sale état, vitres brisées, carrosserie pliée, couverte et remplie de terre. «Je ne suis même pas allé la voir. Quand l'assurance m'a demandé si je souhaitais la récupérer, j'ai refusé tout net. Elle était foutue, je ne me voyais pas rouler dans une voiture qui avait fait plusieurs tonneaux!»

Bernard Chilton nous confirme le remboursement de la voiture et la récupération de l'épave et de la carte grise par les assurances selon la procédure habituelle. Et ensuite? L'épave est mise en vente par le GAN, aux enchères, dans un lot de voitures accidentées promises à la casse.

Outre son chèque de remboursement de la part du GAN, Éric Bousquet touchera environ 2 000 francs (305 euros) de l'épaviste. «Pour moi, l'affaire était terminée. J'avais signé les papiers envoyant cette épave à la destruction, j'avais été remboursé et je ne pensais plus jamais entendre parler de cette voiture. C'est ce que j'ai dit aux policiers lorsqu'ils m'ont annoncé cette filiation stupéfiante. J'avais bien noté à l'époque que la Mercedes de Diana était du même modèle, mais comment aurais-je pu imaginer que c'était la mienne[1]?»

Que va devenir la Mercedes S280?

Elle va disparaître. Avalée dans une ceinture de trous noirs qui encerclent la grande banlieue

---

1. Mercedes-Benz stoppera la production l'année suivant l'accident, en septembre 1998. Au total, 406 532 berlines de la série W140 (S280) ont été construites en sept ans.

parisienne : le territoire des ferrailleurs, épavistes, broyeurs, démolisseurs, récupérateurs de matériaux... Un espace de non-droit ou de droit flou, proche du banditisme, dans lequel prospère – à l'ombre de grosses sociétés qui se sont refait une virginité dans le « recyclage » – toute une faune œuvrant en marge ou hors de la légalité. Peu d'« étrangers » osent s'aventurer dans ce far-west, entre ces murailles de carcasses entassées et d'engins préhistoriques, capables d'engloutir une locomotive mise au rebut par la SNCF, comme des kilomètres de câbles volés à EDF. S'y activent les artisans de tout un réseau de dépôts de pièces détachées, de garages clandestins et de restaurateurs de véhicules, où le maquillage est un art et la cannibalisation[1] un évangile.

La résurrection miraculeuse de la S280 témoigne de ce même mystère.

Intégralement liftée, pourvue d'une nouvelle immatriculation, nantie d'une fausse mais alléchante légende commerciale, la S280 accidentée se retrouve, courant 1996, pimpante, en vitrine du concessionnaire Mercedes Austerlitz. Par quel obscur chemin ? Impossible d'en savoir plus : vingt ans après, le garage du boulevard Saint-Marcel est désaffecté et en cours de démolition.

---

1. Larousse : *n.f. Récupération dans un objet fabriqué, hors d'usage, de toutes les pièces détachées, en bon état, pour la réparation d'objets du même type.*

226

La révélation de ce pan inédit de l'histoire de la Mercedes de Diana met à mal – une nouvelle fois – les théories complotistes de Mohamed Al-Fayed. Elle ajoute une donnée catastrophique aux nombreuses investigations sur les causes de l'accident.

Que la Mercedes ait été accidentée – à l'insu de tous – ne disculpe pas Henri Paul qui la conduisait trop vite, sous l'emprise de l'alcool et de médicaments ; ne dédouane aucun des passagers – y compris Rees-Jones – de ne pas avoir bouclé leurs ceintures ; n'excuse pas Dodi d'avoir changé, au dernier moment, un dispositif éprouvé pour une improvisation hasardeuse ; n'absout pas les paparazzi d'avoir fait pression sur le couple, ni Mohamed Al-Fayed d'avoir occulté ses propres responsabilités en détournant l'attention par des sornettes, *et cætera*.

« Le destin déclenche souvent un grand désastre d'une petite cause », écrivait le philosophe grec Euripide.

Le fait est que la S280 avait « la poisse », selon l'euphémisme de Karim Kazi : deux fois volée, accidentée, envoyée à la casse, puis ressuscitée avant d'être crucifiée sur le treizième pilier. De quoi donner du grain à moudre aux amateurs d'occultisme et aux prophètes du surnaturel, que la défunte princesse consultait religieusement.

Chapitre 13

Qui a tué Lady Diana,
Pourquoi et comment est-elle morte ?
Dans la ballade de Bob Dylan, « Who killed Davey Moore ? », les témoins se récrient à chaque couplet « c'est pas notre faute... ». Une complainte qui évoque singulièrement les réactions qui ont suivi l'accident et la mort de Diana. Un drame pousse souvent les survivants à un examen de conscience, dont l'honnêteté sort rarement victorieuse. Il est plus aisé de s'envelopper dans le ouateux et spinescent cocon de la « bonne » conscience. L'autre nom de la mauvaise foi.

C'est pas nous, disent les paparazzi...
Nous n'avons fait que notre métier. La princesse avait l'habitude d'être photographiée, elle aimait ça. Et savait s'y prendre quand elle voulait passer incognito. Cette fois-ci, sa voiture nous a semés ; nous

n'y sommes pour rien si ensuite elle s'est plantée. On a été innocentés. D'accord, on s'est comportés comme des chacals après l'accident. Mais on n'a pas pu résister, c'est dans notre nature. Adressez-vous aux journaux qui publient nos photos, et au public qui les achète.

C'est pas nous, proteste le public…
On était simplement dans nos fauteuils à regarder la télé et à lire nos journaux. Vous êtes gonflés de nous accuser alors qu'on a suivi toutes les saisons de la série, sans en manquer un épisode. On l'aimait bien Diana, elle était la princesse du peuple, *wasn't she ?* À la fin, on était tellement tristes qu'on a pleuré et on est descendus dans la rue pour lui apporter des fleurs. C'était la princesse des cœurs, *of course,* on ne voulait pas que ça se termine comme ça, une si jolie et si gentille jeune femme ! Peut-être qu'on a fait la fortune de Robert Murdoch et d'autres magnats, mais ils nous ont donné beaucoup de plaisir. Et sa mort, quel coup de théâtre !

C'est pas moi, répond Robert Murdoch…
Si vous écrivez ça, je vous fiche un procès ! Je ne conduisais pas la voiture. «I'm a battler. Pig's arse[1] !»

C'est pas ma faute, murmure Henri Paul…

---

1. Argot australien : *Je travaille dur et ne fais que gagner ma vie. Je ne suis pas d'accord avec vous !*

D'abord, j'en suis mort. On a fait de moi un monstre alors que j'étais un brave homme. J'avais un problème avec l'alcool, mais je me soignais. La preuve, je prenais des médicaments. Ce soir-là, je n'étais pas de service. Dodi m'a donné l'ordre, comment pouvais-je refuser? C'est lui le patron. Je n'étais que chef-adjoint de la sécurité et j'espérais une promotion. Je n'allais pas lui déplaire. Et puis, c'était excitant cette manœuvre de dernière minute pour b... les photographes. Sur la photo, juste avant le départ, je rigole! Si j avais pu me douter...

C'est pas moi, s'insurge Dodi...
On dit que je suis indécis, fantasque et incapable d'avoir une idée intelligente. C'est faux. Cette histoire avec la princesse a été voulue par mon père. Je n'étais même pas au courant quand il m'a convoqué à Saint-Tropez. La preuve, j'étais fiancé à Kelly Fisher (sa bague m'avait coûté 118 000 livres!). Je sais séduire les femmes, c'est vrai. Je peux vous montrer la liste. C'est mon côté gros nounours, disent-elles. Avec Diana, j'l'ai fait. Ensuite, Dad voulait que je l'épouse! Il payait: les bijoux, le *Jonikal*, les cadeaux, les voyages... Il ne parlait plus que de ça, organisait tout. Le séjour à Paris avec escale au Ritz, c'est lui... Et les paparazzi, je me demande qui les a prévenus. On était déjà venus au Ritz, le 26 juillet: il n'y en avait pas un seul! Alors ce soir-là, je prends une initiative pour leur échapper: et c'est de ma faute?

Est-ce que je pouvais savoir que M. Paul buvait, et que la Mercedes était pourrie?

Ah non, pas moi, râle la S280...
Je suis une voiture, je ne suis pas responsable. Si j'avais un défaut dans le châssis, il fallait me passer au marbre. Après plusieurs tonneaux, c'est le moins! Je ne pouvais rien dire: sois belle et tais-toi, on dit à Stuttgart. Mon dernier lifting était réussi, non? Vous m'auriez donné quel kilométrage? J'avais mes défauts, mais ce n'est pas moi qui me suis mal conduite!

Quoi, moi? s'étrangle Mohamed Al-Fayed...
J'ai été le témoin de cette extraordinaire histoire d'amour entre Diana et mon fils. De ce coup de foudre à bord de mon yacht où la princesse séjournait avec ses deux adorables garçons. La preuve, le soir de l'ignoble attentat – perpétré par les services secrets britanniques, français et américains –, Dodi m'a appelé pour me dire qu'ils annonceraient leurs fiançailles, le lendemain. Comment, il n'y a plus que moi pour l'attester! Vous me traitez de menteur? Je vous dis que c'est un complot du Secret Intelligence Service. Organisé et financé par le prince Philip, bien connu pour ses sympathies avec les nazis. Il a été perpétré avec la complicité de Henri Paul, qui travaillait pour le MI6 depuis trois ans. Quant à Rees-Jones, ce traître qui a mordu la main qui le nourrissait, il a été retourné par le SIS. On a

voulu empêcher par cet assassinat que mon fils ne devienne le beau-père du futur roi d'Angleterre ! En plus, on m'a refusé deux fois, par racisme, le passeport britannique. J'ai été obligé de m'exiler en Suisse puis à Monaco. C'est honteux.

Bien. Il est temps aujourd'hui de classer l'affaire, *case closed*, comme disent les Anglo-Saxons. Vingt ans plus tard, l'accident du tunnel de l'Alma a rejoint au firmament des mythes populaires l'assassinat de Kennedy, la résurrection d'Elvis, le suaire de Turin et la mort de Marilyn.

Le retentissement planétaire de l'accident mortel de la princesse Diana était à la mesure de l'engouement du public pour les péripéties de son existence. Une histoire, un destin, comme en raffole l'industrie cinématographique. Qu'elle se termine abruptement par la mort de l'héroïne, pourtant promise à de nouvelles aventures, a été vécue comme une injustice indigne d'une telle condition. *A bad ending*, disent les cinéastes. La destinée d'une princesse doit rimer avec amour, gloire et beauté ; si elle meurt, c'est piquée par une rose ou, à la rigueur, assassinée par un anarchiste, comme l'impératrice Sissi.

La réalité est plus prosaïque. Elle révèle crûment la part d'humaine condition, émouvante, tragique ou grotesque. Cette proximité artificielle nous touche, parce que la vie et la mort des célébrités sont la résonance magnifiée de notre nature autant que le frisson, par procuration, de ce qui nous attend.

Dans les quinze jours qui ont suivi son décès, le taux de suicide en Angleterre et au pays de Galles a fait un bond de 17 %, touchant particulièrement, à 45 %, des femmes entre 25 et 44 ans[1]. Un « effet Werther »[2] bien connu des psychiatres.

Dieu soit loué, la contagion s'est rapidement éteinte et après ce pic inquiétant, la courbe a repris une ligne convenable. Si le souvenir de la princesse reste bien vivace en 2017, les manifestations de piété se sont atténuées.

Les protagonistes de l'affaire Diana n'ont pas été réduits à de tragiques extrémités. Bien au contraire. Leurs vies se sont même sensiblement améliorées depuis sa disparition. « Je suis content et heureux, par conséquent mauvais historien », soupirait le jeune Werther.

Le comte Charles Spencer se place au premier rang des bénéficiaires de la mort de sa sœur. Sur le plan financier, s'entend. Son château d'Althorp a profité d'une remise à neuf complète grâce aux subsides et aux dons des visiteurs qui, les premières années, s'y sont pressés en masse. Depuis, les visiteurs se sont raréfiés. Althorp House n'est plus qu'à

---

1. *The British Journal of Psychiatry*, 2000.
2. L'« effet Werther » tire son nom du roman de Goethe, *Les Souffrances du jeune Werther*, qui avait provoqué en Allemagne une vague de suicides par mimétisme après sa publication en 1774.

la huitième place, dans le classement de Tripadvisor, sur les « sites à visiter à Northampton ».

Le comte, cruellement touché par cette désaffection, a été contraint en 2013 de restituer à ses héritiers légitimes, William et Harry, les robes et souvenirs qui étaient exposés pendant les mois d'été. Auparavant, l'exposition « Diana : A Celebration » avait fait de fructueux séjours outre-Atlantique, naviguant d'un supermarché en Alberta (Canada) à une gare désaffectée au Kansas, en passant par le casino d'une réserve indienne du Connecticut. L'exposition itinérante échouera à Davenport (Iowa), sponsorisée par Bling Bling Sisters, un magasin de bijoux et colifichets.

Les exégètes évaluent à 25 millions de livres brut (30 millions d'euros) la somme totale qu'a rapportée l'exposition, dont seulement 10 % des bénéfices sont revenus à la Fondation Princesse de Galles.

Le comte Spencer s'est très tôt recentré sur l'exploitation du château en hôtellerie, et sur l'organisation d'événements totalement indépendants. Un *Royal wedding* est commercialisé par des agences à partir de 25 000 livres. Il crée – avec un associé américain – une ligne de meubles haut de gamme, copies d'une centaine de pièces tirées du mobilier Althorp… fabriquées au Vietnam.

En 2014, il rompt définitivement le lien avec la mémoire de Diana, en fermant l'exposition et la Fondation pour se consacrer à l'édification de sa propre légende. Spencer fonde le Festival littéraire

Althorp en 2003, et se lance dans la littérature. Il publie deux livres à la gloire de sa famille, puis se spécialise dans les ouvrages historiques, dont le dernier titre, *Tueurs de Roi. Les hommes qui ont osé assassiner Charles Ier* – tout un programme – est en vente et dédicacé dans son domaine. À l'étalage, le texte de son discours à l'abbaye de Westminster – reproduit sur un parchemin roulé avec une faveur bleue – est vendu 25 livres.

Les visiteurs peuvent toujours se photographier – gratuitement – devant le lac Oval (Diana n'aura pas échappé au fléau du selfie), mais au fil des ans, le paisible décor s'est bien dégradé.

Le plan d'eau est envahi par les algues ; arbres et broussailles prolifèrent sur l'île. Le revêtement de la colonne, érigée à l'emplacement de la tombe, se détache par plaques, laissant apparaître les briques de la structure. Le temple dressé sur la berge est infesté par la mousse et les moisissures ; la stèle commémorative mangée par le lichen et la rouille.

Après une visite à Althorp en 2014, l'ancien cuisinier personnel de Diana, Darren McGrady, se fendra d'un tweet assassin : « Si j'avais traité la princesse de son vivant comme son frère la traite depuis sa mort, j'aurais été viré. » Charles Spencer, pris à partie par les derniers aficionados de la princesse, se défausse courageusement sur les jardiniers. Le tollé médiatique, autrement dit la mauvaise presse, le contraindra à changer son fusil d'épaule. Il annonce pompeusement « d'ambitieux travaux dans les jardins » – dessinés par Le Nôtre au XVIIe siècle – et « la rénovation du lac Oval, en prévision de la commémoration du vingtième anniversaire ». La célébration devrait ramener une lucrative affluence (ticket d'entrée : 18,50 livres), permettant à ceux qui viendront « honorer sa mémoire » de contribuer à l'entretien de cette sépulture privatisée.

L'affairisme de leur oncle « de sang » n'est pas du goût des princes William et Harry, qui décident de prendre en main les manifestations du 20ᵉ anniversaire. Ils s'étaient déjà risqués le 1ᵉʳ juillet 2007 – pour les dix ans – à organiser un concert. Derrière l'ami Elton et sa chandelle, une trentaine de chanteurs s'étaient produits devant 63 000 personnes au Wembley Stadium. Parmi les orateurs entourant les deux princes : Nelson Mandela, Bill Clinton, Tony Blair... et Kiefer Sutherland, le Jack Bauer de la série *24 heures chrono*. Les bénéfices ont été, selon la tradition, répartis entre différentes associations de bienfaisance, dont la Fondation du mémorial Diana. Ceci, en dépit de la méfiance des jeunes princes pour cette fondation qui avait vendu l'effigie de leur mère à une marque de margarine.

Ce 20ᵉ anniversaire sera salué par une exposition de ses robes (encore), mais cette fois-ci à Kensington Palace. Un cadre plus élégant que les écuries d'Althorp House. « Diana : Her Fashion Story » reprendra donc le fonds récupéré chez l'oncle Spencer, enrichi de tenues ayant échappé aux enchères.

Diana ne passait pas pour la femme la plus élégante du monde, à l'exception des Américains qui la placent en *1st position,* avant Grace Kelly et Jacky Kennedy ! On se souvient de sa ravissante robe blanche à gros pois bleus, de ses collerettes de pèlerin puritain, de ses tenues à nœuds-nœuds, de ses robes écossaises à larges rayures, de ses costumes de Bavaroise, de ses tailleurs plissés, de son tricorne de pirate et de ses fourreaux asymétriques de chanteuse de saloon.

C'est le jeune Harry qui a résumé la situation au détour d'une interview : « Il faut que quelque chose en dur soit érigé en sa mémoire. » Un jardin, minutieusement élaboré par les jardiniers de Buckingham – touchante attention de leur grand-mère –, qui doit être inauguré en août en sa royale présence, ne suffit pas.

Le duc de Cambridge et le prince Harry veulent qu'une statue soit érigée dans les jardins de Kensington.

Ils réunissent, au début de l'année, un comité chargé de collecter des fonds privés et de trouver un statuaire. « Vingt ans après la mort de notre mère, il est temps et juste de reconnaître, par un monument permanent, son influence positive, dans le Royaume-Uni et dans le monde. »

Il n'est pas certain que la reine, le prince Charles et le reste de la famille royale adhèrent à cette manifestation touchante de piété filiale. Les grandes personnes n'ont pas oublié que leur mère, par ses frasques, son manque de discernement et son inconséquence, a fait vaciller la monarchie. Il est probable que, soucieux de ne pas susciter une nouvelle polémique ni de réveiller les passions, la Firme va temporiser, mettant suffisamment de bâtons dans les roues pour que la statue ne puisse être érigée à temps. En attendant, les enfants devront se contenter d'inaugurer un jardin de myosotis, qu'on appelle en anglais *Forget-me-not*[1], devise que Diana aurait pu choisir comme emblème de son existence.

Le 9 avril 2005, le prince Charles faisait de Camilla Strand « une honnête femme », en l'épousant à Windsor Guildhall avec une simplicité très sophistiquée. Une union suffisamment délicate pour que toutes les étapes aient été soigneusement méditées et subtilement mises en musique. La démarche se résume ainsi : afficher un dépouillement naturel tout en gardant à la cérémonie son cachet prestigieux ; éviter de heurter les susceptibilités, tout en ménageant les droits de succession du prince héritier. Ce casse-tête matrimonial exigeait le concours inédit des constitutionnalistes et des communicants.
Et la patte de Camilla.
Un premier obstacle va être discrètement levé. En 2002, l'Église anglicane accepte soudain que des époux divorcés se remarient religieusement – avec l'accord du vicaire – afin de ramener à l'Église ceux

---

1. *Ne m'oubliez pas.*

qui en ont été écartés «pour de tristes et douloureuses raisons». On imagine l'ampleur des tractations pour aboutir à ce revirement dogmatique[1].

Donc Camilla, divorcée en 1995, peut épouser religieusement Charles, «veuf» ecclésiastique.

Pour le futur chef de l'Église anglicane, c'est mieux... mais insuffisant.

L'antique loi morganatique, toujours en vigueur en Grande-Bretagne, interdit à un prince de transmettre ses titres et privilèges lorsqu'il épouse une roturière. Pas question de faire de Camilla une mariée «de la main gauche», poétique formule qui voulait que l'époux tienne sa femme par cette main-là.

Le Human Rights Act (art. 12), qui s'aligne en 2000 sur la Convention européenne des droits de l'homme, abroge opportunément cette loi inique[2]. Comme il périme également la loi de 1836 qui exclue les membres de la famille royale du mariage civil en Angleterre et au pays de Galles[3].

Faire partie de l'Union européenne n'a pas que des inconvénients!

---

1. Les catholiques ont une autre solution, moins démocratique: faire annuler le précédent mariage par le pape (cf. Caroline de Monaco).

2. Il n'en sera même plus question en 2011, lors du mariage de la roturière Kate Middleton et du prince William.

3. La princesse Anne, sœur de Charles, avait dû, en 1992, se remarier en Écosse.

Ces obstacles écartés, en février 2005, Charles et Camilla annoncent officiellement leurs fiançailles et fixent au 8 avril la date du mariage. Une bénédiction religieuse suivra la cérémonie civile au château de Windsor. Charles offre à Camilla une bague héritée de sa chère grand-mère, la reine Elizabeth. Un anneau de platine surmonté d'un gros diamant taille coussin, orné de trois diamants baguettes, une petite merveille de joaillerie 1920, que Queen Mum affectionnait particulièrement.

Début mars, le Conseil privé donne son accord sur la conformité avec la loi de 1772 sur les mariages royaux. Dans la foulée, l'archevêque de Canterbury offre sa bénédiction, déclarant cette union « conforme aux directives de l'Église d'Angleterre », mais surtout « compatible avec les exigences imposées à un potentiel chef de l'Église anglicane ».

La reine et le duc d'Édimbourg s'empressent alors de présenter leurs félicitations officielles au « jeune » couple. Suivis par les effusions du Premier ministre Tony Blair, des corps constitués, et des représentants de la myriade d'États de l'ex-Empire britannique.

Ce mariage s'annonce sous les meilleurs auspices.

Patatras. On découvre, *in extremis,* une disposition de la loi sur le mariage civil précisant que si la cérémonie est organisée dans un lieu privé, celui-ci devra rester disponible à d'autres célébrations pendant une durée de trois ans. La reine n'a aucune envie de recevoir chez elle tous les mariages de Mr and

Mrs Smith, qui ne se priveront pas de cette flatteuse opportunité.

On décide donc que le mariage civil aura lieu tout simplement à la mairie de Windsor.

C'est mieux, approuvent les communicants.

Mais sans la reine, qui assistera en revanche à la bénédiction et à la réception à Windsor.

C'est encore mieux, moins pompeux. Tout va bien…

Catastrophe. Le pape Jean-Paul II, bien malade, meurt le 2 avril d'un choc septique. Ses funérailles sont prévues le 8 avril, et le prince Charles doit y représenter la reine[1].

Le mariage est donc reporté au lendemain.

Le 9 avril, la foule envahit les rues de Windsor dès l'aube. Le prince a passé la nuit avec ses fils chez lui à Highgrove House et Camilla avec les siens à Ray Mill House. Les invités à Guildhall débarquent simplement en minibus. Toute la proche famille royale – hormis la reine et Philip – est présente du côté de Charles : ses deux fils, ses frères et sa sœur avec leurs conjoints et leurs enfants, ainsi que sa tante la princesse Margaret et ses cousins. Du côté de Camilla, en robe crème et large chapeau, son fils et sa fille avec leurs compagnons, Annabel, la sœur

---

1. Comme gouverneur suprême de l'Église anglicane, Élisabeth II incarne le schisme intervenu sous le règne d'Henry VIII, qui a valu à Élisabeth Ire une excommunication. Élisabeth II avait reçu Jean-Paul II pour le premier voyage d'un pape en Angleterre, et l'avait rencontré deux fois au Vatican.

de la mariée, son mari et ses enfants, sa tante... et son ex, l'inévitable Andrew Parker Bowles, avec sa nouvelle épouse.

Les mêmes assisteront à l'office religieux dans la chapelle Saint-Georges du château – retransmis en direct par la BBC – en présence du couple royal, d'une flopée de têtes couronnées dont le sultan de Bahreïn, de l'archevêque de Canterbury, de politiciens dont le Premier ministre et des invités personnels des époux.

Le grand moment de cet office n'était pas la remise des anneaux forgés selon la tradition avec de l'or des mines galloises du Clogau, mais l'acte de contrition des deux époux. Charles et Camilla prononcent ensemble, sous les caméras, l'acte de pénitence royal datant de 1662, tiré du Livre de prières de l'Église anglicane[1].

Un mauvais moment à passer, mais abondamment et favorablement commenté par la presse et le public. Ce qui était le but recherché.

À l'issue du mariage, Camilla, coiffée d'un invraisemblable chapeau à aigrettes, devient officiellement : Son Altesse Royale, la princesse de Galles, duchesse de Cornouailles, duchesse de Rothesay... et autres titres de moindre importance.

---

1. « Nous reconnaissons et déplorons nos péchés et les multiples méchancetés que nous avons commises – à de multiples reprises et certaines gravissimes – contre ta Divine Majesté, en pensées, paroles et actes. Provoquant ta juste colère et l'opprobre à notre égard. »

La nouvelle Madame Charles Windsor-Mountbatten annonce, avec une subtile habileté, qu'elle s'abstiendra désormais du titre de princesse de Galles, lui préférant celui de duchesse de Cornouailles.

Elle confère royalement à sa rivale disparue une reconnaissance outre-tombe. D'une féroce élégance...

Sur le port de Saint-Tropez, entre deux gros yachts, le voilier en bois vernis attire à peine le regard des touristes. Allongé sur une chaise longue dans le carré arrière, vêtu d'une coûteuse chemise imprimée, pieds nus, un vieil homme las se prélasse au soleil. Personne ne reconnaît Mohamed Al-Fayed sur son nouveau bateau, proportionnellement modeste au regard de ses voisins qui le dominent comme des buildings flottants. Le milliardaire s'est pourtant offert une splendide goélette de 34 mètres, construite en 1913, le *Sakara*, à la ligne racée, dont il a conservé les poulies d'origine et son gréement à l'ancienne. Rénové en 2008, baptisé un temps « Dodi », son propriétaire n'a pu se dispenser d'y ajouter quelques volutes de bronze doré sur la coque.

Avec ses allures de paisible retraité, un peu voûté, Mohamed Al-Fayed n'a rien perdu, à 88 ans, de la volonté farouche qui animait le petit Fayed vendant, à la sauvette, des bouteilles de Coca-Cola dans les rues d'Alexandrie. L'œil est toujours pétillant de rouerie malgré les poches qui s'arrondissent sous la paupière et les sourcils broussailleux tissés de fils blancs. La bouche, toujours aussi avide, engloutit avec délectation un cornet de glace de chez Barbarac, et il sourit au photographe.

Vingt ans après, aurait-il chassé ses démons?

Il a eu son heure de gloire en réussissant, à force d'acharnement, à faire ouvrir en 2004 une enquête en Grande-Bretagne dont l'intitulé lui a fait chaud au cœur : « *Inquiry into the allegation of conspiracy to murder*[1]. » Qu'importe que les résultats de plusieurs années d'investigation aient démontré indubitablement le contraire. Mohamed Al-Fayed a installé durablement un doute dans l'esprit du public, que la multiplication des enquêtes ne parviendra jamais à lever.

Pour Charles Baudelaire, « la plus belle des ruses du diable est de vous persuader qu'il n'existe pas[2] ». Pour Mohamed Al-Fayed, c'est de nous convaincre du contraire.

Avec une fortune estimée par Forbes à 1,83 milliard de dollars, Al-Fayed semble avoir largué les amarres. En Angleterre, il vend les magasins Harrods à la famille royale du Qatar en 2010 pour 2,4 milliards de dollars, le double de son prix d'achat en 1985. Il fait une moins bonne affaire en se séparant du Fulham Football Club en 2013 pour seulement

---

1. « Enquête sur les allégations de complot pour meurtre. »
2. *Le Spleen de Paris*, « Le joueur généreux », 1869.

300 millions de dollars. Il brade son yacht le *Jonikal* pour 13 millions de dollars alors qu'il était en vente depuis des années à 40 millions. En France, il met en vente sa luxueuse propriété des parcs de Saint-Tropez, la Villa Sainte-Thérèse, pour 70 millions de livres (93 millions d'euros), soldant une partie de l'épisode Diana.

Il conserve en revanche le Ritz, qui a rouvert ses portes en 2016 après quatre années et 400 millions de travaux. Délicate attention, Mohamed Al-Fayed a tiré de sa cagnotte personnelle un million et demi d'euros pour ravaler la colonne Vendôme, afin de « remercier les Parisiens d'avoir supporté quatre ans de tracas ».

Le résident monégasque, locataire de la Villa Windsor du bois de Boulogne, propriétaire place Vendôme, aurait-il définitivement tourné la page de l'ingrate Albion ?

Sa fille, la jolie Camilla Al-Fayed, surtout connue pour sa vie futile de fille de milliardaire, consacre le reste de son temps à des *charities* – ces événements mondains où l'on collecte des fonds – comme présidente de la Fondation caritative Mohamed Al-Fayed.

En 2011, Camilla, finnoise par sa mère Heini, et britannique par... son lieu de naissance, se lance dans les affaires. Elle rachète 51 % de la marque de prêt-à-porter Issa. Heureux hasard, ses créations sont très appréciées de Kate Middleton, qui avait fait sensation le jour de ses fiançailles dans une robe bleu saphir, Forever. Sa sœur Pippa s'était fait ensuite remarquer, en portant le même modèle mais de couleur rouge sang. Depuis, on n'a jamais revu la duchesse de Cambridge, ni Pippa, dans une robe Issa : la marque a fait faillite deux ans plus tard.

L'ultime tentative d'Al-Fayed pour se rapprocher de la famille royale a échoué. Incorrigible Mohamed !

Diana aurait fêté le 1ᵉʳ juillet ses 56 ans. S'il est impossible de savoir ce qu'elle serait devenue, on peut en revanche se demander à quoi elle ressemblerait aujourd'hui. Les photos prises l'année 1993 aux côtés de Frances Shand Kydd – âgée alors de 56 ans – montrent une ressemblance frappante entre la mère et la fille. Le même nez parfait, l'arc des sourcils à la courbure similaire, la bouche généreuse et l'ovale du menton dessiné à l'identique. Les mains diffèrent, courtaudes pour Frances, longues et fines pour sa fille. Les fronts se distinguent, large pour la mère ; plus étriqué pour Diana… l'héritage Spencer sans doute. L'ossature du visage, bien qu'un peu plus carrée de Frances, semble plus galbée pour sa fille, mais les pommettes sont identiques. Les années ont creusé les rides de l'une, alors qu'elles se devinent chez l'autre. Au coin des yeux et de chaque côté de la bouche, dépourvues d'amertume, elles soulignent le caractère plus que l'âge. Seules les rides au front de Frances marquent les années. Diana, avec vingt ans de plus, serait devenue une belle femme. Mais il est probable qu'elle eût paru, aujourd'hui, plus jeune que sa mère au même âge…

Et elle aurait continué à nous divertir.

« Sans divertissement, il n'y a point de joie ; avec le divertissement il n'y a point de tristesse », notait le philosophe Pascal. La princesse des cœurs était d'abord une princesse de comédie, au sens noble du terme, une source de distraction qui semblait inépuisable.

C'est pour cela qu'elle manque.

En s'en allant, Diana a emporté un peu de cette joie et laissé autant de tristesse.

Vingt ans plus tard, elle repose, comme la fée Viviane, au fond d'un lac. Et Camilla a épousé le roi Arthur.

« Tut, tut, ma petite, dit la duchesse, tout a une morale si l'on cherche bien. » Lewis Carroll, *Alice au pays des merveilles*.

Les Thibaudières, 25 février 2017.

Mise en pages MAURY-IMPRIMEUR

Cet ouvrage a été imprimé par
CPI BRODARD ET TAUPIN
pour le compte des éditions Grasset
en avril 2017

Grasset s'engage pour
l'environnement en réduisant
l'empreinte carbone de ses livres.
Celle de cet exemplaire est de :
300 g Éq. CO_2
Rendez-vous sur
www.grasset-durable.fr

PAPIER À BASE DE
FIBRES CERTIFIÉES

N° d'édition : 19943 – N° d'impression : 3023377
Dépôt légal : avril 2017
Imprimé en France